学而书坊 —— 学而时习之 不亦说乎

SIMPLE, POWERFUL
STRATEGIES FOR
STUDENT CENTERED LEARNING

George M. Jacobs, Willy A. Renandya, Michael Power

简明生本学习策略

[新加坡] 乔治·M.雅各布斯
[新加坡] 威利·A.利奈达雅
[美] 迈克尔·帕瓦
著

徐丽雯　周婷　译
盛群力　校

宁波出版社

教育部人文社会科学研究"十三五"规划基金项目
（16YJA880033）

"学习科学视域下教学设计理论发展研究——促进高阶能力的学习环境设计"成果之一

乔治·M. 雅各布斯（George M. Jacobs）

　　来自新加坡的一名教育咨询专家，主要工作是给中小学和大学提供教育咨询建议。他是一位多产的作家，合著、编写了以下书籍：《合作学习的教师参考书》（2002，戈温出版社），《合作学习和二语教学》（2006，剑桥大学出版社），《课堂里的合作学习》（2007，东南亚教育组织协会区域语言中心）。

威利·A. 利奈达雅（Willy A. Renandya）

　　语言教学硕士、教育心理学博士，新加坡国立教育学院英语教育系高级讲师。曾在东南亚教育组织协会区域语言中心从事教学工作，同时担任语言教育与研究部门主管。主要研究专长是英语作为第二语言的教学法理论。

迈克尔·帕瓦（Michael Power）

　　夏威夷大学应用语言学硕士、夏威夷大学教育心理学博士，华盛顿州岸线学区学习与评估中心主管，塔科马住房委员会教育项目经理。曾发表多篇关于公立学校测试、评估与研究的学术论文。

盛群力

浙江大学教育学院课程与学习科学系教授,博士生导师,主要学术旨趣和专长为教学理论与设计。主持/主讲国家精品课程和国家精品资源共享课《教学理论与设计》(2005－2015;2016－），代表性著作有《个性优化教育的探索》(人民教育出版社,1996)、《现代教学设计论》(浙江教育出版社,1998,2010;台湾五南图书出版公司,2003)和《教学设计》(高等教育出版社,2005),主持翻译了《首要教学原理》(福建教育出版社,2016)和《综合学习设计》(福建教育出版社,2012,2016),发表了撰/译文100余篇,出版了教学设计著作和译著20余部,曾获全国优秀教师"宝钢奖"(2001)。

徐丽雯

浙江大学外国语言文化与国际交流学院外国语言学及应用语言学专业硕士。

周 婷

浙江大学外国语言文化与国际交流学院外国语言学及应用语言学专业硕士。

中文版序言

本书关注的是"生本学习"策略,"生本"亦称学习者为中心或儿童为中心。简单来说,"生本学习"意味着学生在学习中发挥更积极的作用。相比之下,"师本教学"意味着老师扮演更加主动的角色。老师在讲台上滔滔不绝,学生多半坐着听讲。在"师本教学"的学习中,老师试图将知识灌输到学生的脑海中,这种方法导致了每个学生每次都是通过同样的方式接受同样的信息。

但是,"师本教学"这种方式并不符合人类学习的规律。理论研究以及自身的经验都告诉我们:人是在与他人合作互动中学习的。因此,教师是否应采取"生本学习"策略,这个问题本质上与是否应该改变自身的教学方式来适应人类自然学习的方式有关。"生本学习"符合人类自然学习的方式。

事实上,教师自己使用的大学教科书,比如说,教育心理学教科书,都推崇"生本学习"策略。但是,如果我们观察现在大多数的课堂就会发现,不论是在中国还是其他地区,"师本教学"仍占据着主导地位。为什么会出现这样的情况?首先,变革在任何场景下都不是件容易的事。并且,老师大都不自觉地沿用他们上学时的教学法。不仅仅是老师,还包括学校的管理人员、家长和学生,都习惯了"师本教学",并且希望沿用这种方式。因此,使用"生本学习"策略的老师,也许会遇到一些阻力。

本书旨在帮助老师成功推行"生本学习"策略。我们的建议是从小处着手,"千里之行,始于足下",从一个班级或一个教学专题开始。耐心等待,可能你和你的学生都需要一段时间来适应"生本学习"策略。为了帮助学生更好地调整适应,你需要向他们(或者家长和你的主管)解释为什么要使用"生本学习"策略,并且要向他们解释实行这种方法的短期和长期收益。

"生本学习"的确意味着学生有更多的任务,因为他们不再被动地接受知识,等待着老师给他们展示讲解。幸运的是,一旦学生接受了这种方式,他们会越来越享受这个过程,享受对于自己的学习有所掌控,享受在学习中更加主动,而这恰恰与内在动机的概念相契合。也就是说,运用"师本教学",学生的动机大多源于老师以成绩论赏罚的做法。相反,"生本学习"方式下,学生的动机大多来自于其内在动机。

本书中的"生本学习"策略,大致可分为十个要素:

1. 师生合作:老师和学生协同努力,共同享受学习的乐趣。

2. 生生互动:与同伴互动,可以激发学生学习的热情,并且会更加享受对于学习的掌控。

3. 学生自主:学生要培养终身学习的技能和态度。

4. 聚焦意义:学生知道自己在学些什么,也要知道自己为什么而学。

5. 课程整合:学生看到不同科目之间的联系以及学到的知识和所处的世界之间的联系。

6. 尊重多样:学生了解到每个人生而不同,这其中包括我们学习的方式。

7. 思维技能:"师本教学"侧重于死记硬背,而"生本学习"不局限于课本和老师所教授的知识,更关注分析、提问、应用和评估。

8. 多元评估:"生本学习"策略需要多种评估方式,当然传统的测试方法也适用。

9. 学习氛围:通过学习氛围影响学生,让他们在课堂上积极参与。

10. 激发动机:如何更好地引导学生,激发他们对学习的热情。

衷心希望中国的读者能够喜欢阅读本书,使得对"生本学习"各项策略的运用能够渐成风气,蔚为大观。

乔治·M. 雅各布斯
2017 年 2 月 2 日

目录 | Contents

SIMPLE, POWERFUL
STRATEGIES FOR
STUDENT CENTERED LEARNING

中文版序言 001

导 论

教育的改变 001
生本学习策略的十要素 002
为什么要倡导生本学习策略 004
本书结构 005
参考文献 006

第一章 师生合作

场景 1 师生合作学习 007
    策略 1 接纳负面反馈 008
场景 2 期望的影响 008
    策略 2 终身学习 009
场景 3 教师的自我表露 010
    策略 3 联系个人生活 010
场景 4 讲坛圣贤与俯身指导 011
    策略 4 让学生体验教课 012

场景5　听中学 012
　　　　策略5　用心理解学生的想法 013
　　场景6　基于学生的体验 013
　　　　策略6　发掘学生的专长 014
　　场景7　记日志 014
　　　　策略7　要求学生记学习日志 015
　　场景8　分享学习体验 015
　　　　策略8　分享我们的阅读体会 016
　　场景9　通过学生的视角评判教学 017
　　　　策略9　请学生参与评估 017
　　思考题 018
　　参考文献 019
　　想法和建议 020

第二章　生生互动

　　场景1　创设一个学习空间 021
　　　　策略1　安排学生互动交流的空间 022
　　场景2　学习小组的规模 022
　　　　策略2　从二人小组开始 023
　　场景3　多人学习小组 023
　　　　策略3　将二人组合并为四人组 023
　　场景4　合作学习 024
　　　　策略4　每个组员都有自己的编号 025
　　场景5　合作技巧 025
　　　　策略5　传授合作技巧 026
　　场景6　相信合作的力量 026
　　　　策略6　鼓励学生记住小组成功的策略 027
　　场景7　独立任务 027
　　　　策略7　自我评估 027

场景 8　"海绵"活动 _____ 028
　　　　策略 8　鼓励先完成任务的学生去帮助别人 _____ 029
　　思考题 _____ 030
　　参考文献 _____ 030
　　想法和建议 _____ 031

第三章　学生自主

　　场景 1　多样选择 _____ 033
　　　　策略 1　给予学生多样选择 _____ 034
　　场景 2　独立意识 _____ 034
　　　　策略 2　布置可行的任务 _____ 034
　　场景 3　同伴反馈 _____ 035
　　　　策略 3　鼓励同伴反馈 _____ 035
　　场景 4　学生研发教材 _____ 036
　　　　策略 4　分享优秀作品 _____ 036
　　场景 5　学生担责 _____ 037
　　　　策略 5　鼓励学生帮助同伴 _____ 037
　　场景 6　同伴互助 _____ 037
　　　　策略 6　鼓励同伴互助 _____ 038
　　场景 7　教师指导 _____ 038
　　　　策略 7　启发式教学 _____ 039
　　场景 8　反思总结 _____ 040
　　　　策略 8　要求学生做学习小结 _____ 040
　　场景 9　从实用学习到通用学习 _____ 041
　　　　策略 9　强调全局观 _____ 042
　　思考题 _____ 043
　　参考文献 _____ 043
　　想法和建议 _____ 044

iii

第四章 聚焦意义

场景 1 透明度原则 045
    策略 1 解释是什么、为什么以及怎么做 046
场景 2 构建学习框架 047
    策略 2 分享教学计划 047
场景 3 教学与生活实际相结合 048
    策略 3 乐于调整教案 048
场景 4 教学与学生兴趣相结合 049
    策略 4 了解学生的兴趣 049
场景 5 联系语境 050
    策略 5 询问学生的观点和经历 050
场景 6 保持任务真实性 050
    策略 6 寻找真实任务 051
场景 7 意义大于形式 052
    策略 7 牢记意义 053
场景 8 特定语境下的语言 053
    策略 8 善用语言沟通 054
场景 9 学习课堂用语 054
    策略 9 鼓励学生在指导下广泛阅读、倾听和观察 054
思考题 055
参考文献 055
想法和建议 056

第五章 课程整合

场景 1 明晰联系 057
    策略 1 帮助学生发现课程间的联系 058
场景 2 信息整合 059
    策略 2 鼓励学生将课堂知识与现实世界相联系 059

场景 3　聚焦重点 059
    策略 3.1　阐明课程与职业间的联系 060
    策略 3.2　寻找更多的联系 060
  场景 4　解决问题的机会 061
    策略 4　模拟真实情境 061
  场景 5　服务他人 062
    策略 5　促进服务学习 062
  场景 6　教师协作 062
    策略 6　寻找友善的同事 063
  场景 7　教具 063
    策略 7　使用教具 064
  场景 8　广泛阅读 064
    策略 8　鼓励课外阅读 065
  场景 9　道德标准 065
    策略 9　讨论道德标准 065
  思考题 066
  参考文献 066
  想法和建议 067

第六章　尊重多样

  场景 1　混合分组 069
    策略 1　考虑学生差异 070
  场景 2　团队建设 070
    策略 2　团队建设步骤 070
  场景 3　多元智能 071
    策略 3　画概念图 072
  场景 4　教学方式多样性不是仅供娱乐 072
    策略 4　教学过程中严格要求 072

v

场景 5　身体/运动智能 ……………………………………………… 073
　　策略 5　增加表演环节 ……………………………………………… 073
场景 6　混龄教学的优势 …………………………………………… 073
　　策略 6　开展混龄同伴教学 ………………………………………… 074
场景 7　解决学生由课堂表现不同导致的地位差异问题 ………… 074
　　策略 7　发掘并赞扬每个学生的优点 ……………………………… 074
场景 8　教师注意力分配不均 ……………………………………… 075
　　策略 8　自我检测注意力的分配 …………………………………… 075
场景 9　加深印象 …………………………………………………… 075
　　策略 9　录下自己的课堂 …………………………………………… 076
思考题 ………………………………………………………………… 076
参考文献 ……………………………………………………………… 077
想法和建议 …………………………………………………………… 078

第七章　思维技能

场景 1　通过提问鼓励思考 ………………………………………… 080
　　策略 1　不断向学生提问并鼓励学生自我提问 …………………… 081
场景 2　学生间互相提问 …………………………………………… 081
　　策略 2　学生间交换问题 …………………………………………… 082
场景 3　允许犯错 …………………………………………………… 083
　　策略 3　承认自己不是无所不知 …………………………………… 083
场景 4　图形组织者 ………………………………………………… 083
　　策略 4　教学生使用图形组织者 …………………………………… 084
场景 5　评估和构建知识的方法 …………………………………… 084
　　策略 5　鼓励学生质疑教科书 ……………………………………… 085
场景 6　超出所给定的信息范围 …………………………………… 085
　　策略 6　举例子 ……………………………………………………… 086
场景 7　意见分歧的好处 …………………………………………… 086
　　策略 7　教学生质疑的技巧 ………………………………………… 086

  场景 8　培养学生的思维能力 ———————————————— 087
    策略 8　询问学生的观点 ————————————————— 087
  场景 9　给学生更多思考时间 ——————————————— 088
    策略 9　提供时间和线索 ————————————————— 088
  场景 10　从失败中受益 —————————————————— 089
    策略 10　观察学生的逆商 ———————————————— 089
  思考题 ———————————————————————— 090
  参考文献 ——————————————————————— 091
  想法和建议 —————————————————————— 092

第八章　多元评估

  场景 1　形成性评估 ———————————————————— 093
    策略 1　形成性评估模式 ————————————————— 094
  场景 2　学习导向与绩效导向 —————————————— 095
    策略 2　巧用"三明治"式批评法 ————————————— 095
  场景 3　过程导向 ————————————————————— 095
    策略 3　询问过程 ———————————————————— 095
  场景 4　元认知 —————————————————————— 096
    策略 4　有声思维法 ——————————————————— 096
  场景 5　全纳教育 ————————————————————— 097
    策略 5　针对有特殊需求的学生调整评估模式 ——————— 097
  场景 6　小组作为脚手架工具 —————————————— 097
    策略 6　小组测试 ———————————————————— 098
  场景 7　鼓励同伴反馈 —————————————————— 098
    策略 7　给予及时反馈 —————————————————— 098
  场景 8　测试透明化 ——————————————————— 099
    策略 8　邀请学生参与编制试题 ————————————— 099
  场景 9　将评估任务与真实性任务相联系 ———————— 099
    策略 9　任务真实化 ——————————————————— 100

场景 10　告知学生评估要求	100
策略 10　提供参考答案	100
场景 11　学生自我评估	101
策略 11　让学生跟踪自己的进步	101
思考题	102
参考文献	102
想法和建议	103

第九章　学习氛围

场景 1　分散的注意力	105
策略 1　帮助学生集中注意力	106
场景 2　谚语及名人名言	106
策略 2　利用谚语及名人名言营造良好的学习氛围	107
场景 3　故事的力量	108
策略 3　通过讲故事来营造积极的学习氛围	109
场景 4　积极心理学	110
策略 4　强调积极的方面	110
场景 5　翻转幸福方程式	111
策略 5　鼓励善举	111
场景 6　体育锻炼	111
策略 6　利用简单的锻炼来活跃学习	112
场景 7　给大脑提供水分	112
策略 7　增加水的摄取量	113
场景 8　对校园暴力零容忍	113
策略 8　与学生讨论关于校园暴力和辱骂的话题	114
思考题	114
参考文献	115
想法和建议	116

第十章 激发动机

场景1 成功和成功的期望 ... 117
    策略1 切勿只与鹰齐飞 ... 118
场景2 背景知识的重要性 ... 118
    策略2 尽早识别和帮助学习困难生 ... 119
场景3 增强学生对自己学习的掌控权 ... 119
    策略3 帮助学生设立目标 ... 120
场景4 教育造福社会 ... 120
    策略4 鼓励学生为他人的福祉而学 ... 120
场景5 心流理论 ... 121
    策略5 告诉学生他们会进步 ... 121
场景6 课堂常规的合理程度 ... 121
    策略6 打破千篇一律 ... 122
场景7 征求学生的意见 ... 122
    策略7 做简单的学习需求分析 ... 122
场景8 学生激励教师 ... 123
    策略8 感谢学生的激励 ... 123
思考题 ... 123
参考文献 ... 124
想法和建议 ... 125

第十一章 不懈努力

场景1 携手共进 ... 127
    策略1 和同事一起通过多种媒介学习生本学习策略 ... 128
场景2 乐观心态 ... 128
    策略2 分享教学心得 ... 129
场景3 与每位教育相关人员分享 ... 129
    策略3 与不参与教学实践的教育专家们分享 ... 129

场景 4 与学生家长分享	130
策略 4 告知每一个人	130
场景 5 给教师体验新教学法的机会	131
策略 5 策划生本学习教师会议	131
场景 6 眼见为实	132
策略 6 邀请同事来观察生本学习课堂	132
场景 7 多种分享方式	133
策略 7 分享教案和教学材料	133
场景 8 社交技巧	133
策略 8 夸赞实施生本学习策略的同事	133
场景 9 研究和反思	134
策略 9 实施生本学习策略的反思	134
场景 10 视觉的力量	134
策略 10 强调图片的重要性	135
场景 11 新技术	135
策略 11 使用电子工具	135
场景 12 梦想的力量	135
策略 12 分享我们的梦想	136
思考题	136
参考文献	137
想法和建议	138

附录 1："学习者为中心"的心理学原理 —— 重构和改革学校的架构　139

附录 2：生本学习 —— 推动学校民主发展的策略　147

译后记　161

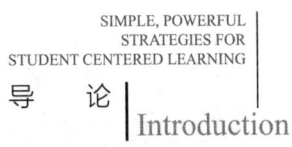

导 论

> 不积跬步,无以至千里。——《荀子》

教育的改变

我们常常听闻改变,比如沟通方式的改变、工作方式的改变以及娱乐方式的改变。本书讲述的是改变我们的学习方式。改变常常发生在教育界,从越来越多地使用高新科技到学校组织形式的日益灵活。

但是在教育界最为深刻的改变则是逐渐向生本学习模式转变。"生本",也可以称为"学习者为中心""儿童为中心"等。和其他多数的教育术语一样,"生本学习"这个术语为不同的人在不同的情境下使用。本书中,生本学习指的是学生更加积极主动,这不仅仅表现在他们参与课堂活动,比如说表达、计算、写作、制作录像和网页等等,更表现在他们如何看待以及塑造自己的学习方式上。教师依然扮演着重要的角色,但是现在更需要转变为场边的教练,而不是学生正在上演的教育戏剧里的主演。换言之,我们应该从教师为中心的学习模式转向学习者为中心的学习模式

(Student-Centered Learning,简称 SCL)。

学习者为中心的学习不是一种方法,它更像是一种思维方式,一种教育范式。教师很有可能已经听闻过"学习者为中心"和与之相关的术语,但是它在多大程度上实现了呢?教育界重大的变革往往发生得非常缓慢,每前进两步也许就会后退一步或三步。生本学习也不例外。事实上,生本学习可以追溯到 20 世纪初的杜威(Dewey,1997),甚至更早之前,但如今的课堂却大多是以教师为中心的教学方法主导的。本书提供了很多简单高效的教学策略,教师可以在自己的课堂中实施,使之向生本学习的课堂转变。本书关注的是发展,而不是变革;它探讨的是课堂里可以实施的小方法,而不是推动人类发展的巨大飞跃,但这些众多小的改变累积起来会带来深刻的影响。

生本学习策略的十要素

生本学习策略由十大紧密相连的要素组成。表 1 按照书中的顺序,罗列了十大要素并给出了简要的介绍。

表 1 生本学习十要素	
生本学习要素	简 要 介 绍
1. 师生合作	教师坦率地承认自己并不了解所有的事情,并期待和学生一起学习。
2. 生生互动	教师鼓励学生和自己的同伴交流学习心得,这样做不仅会带来认知方面的好处,还可以促进彼此之间的情感交流。
3. 学生自主	学生更少地依赖教师,逐渐培养起终身学习的方法和态度。
4. 聚焦意义	最好的学习就是学生充分理解自己所学的知识。
5. 课程整合	学生发现不同科目、课程之间的联系,所学的知识和现实生活之间的联系。

续上表

生本学习要素	简 要 介 绍
6. 尊重多样	教学活动力图满足所有学生的需求,也帮助学生发现自己与他人的差异。
7. 思维技能	学生不囿于所掌握的信息,而是可以巧妙加以利用,用其举例子、做解释和进行辩驳。
8. 多元评估	评估的方式进一步扩大,包括很多非传统的方式,鼓励学生在学习过程的节点上和教师一起成为学习的评估者。
9. 学习氛围	教师努力创造良好的学习氛围,鼓励每个学生积极参与课堂讨论。
10. 激发动机	教师倡导学习的内部动机,并鼓励学生自我激励、激励同伴且和教师共同学习,享受学习的乐趣。

第一章介绍了师生合作学习这一要素。这意味着教师可以坦率地向学生承认自己仍然有很多内容需要去学习,并且期待着将学习的历程与学生进行分享。

第二章的主题是生生互动,探索促进学生之间互动的方式及动力,让学生学得更好,更加享受学习的乐趣。

第三章关注的是学生自主这一要素,向教师解释如何用一些学习策略去帮助学生独自或在同伴的帮助下变得更加独立,而不再依赖教师。

第四章通过聚焦意义这一棱镜分析生本学习。教师与其让学生死记硬背知识点,不如帮助他们理解知识背后的含义,以及为什么要学习这些知识的原因。

第五章关注的是课程整合,鼓励学生发现课程之间的联系,以至于能够发现所学的知识与整个世界的联系。

第六章的主题是学生差异,关注学生个体之间的不同,倡导教师在使用学习策略时尊重差异,并认识到这种做法对于提高学生的能力和兴趣的好处。

第七章讨论了思维技能，这是一项极其关键的要素，可以帮助学生应对很多挑战。

第八章涉及多元评估，讨论了其他好的方法用来补充现有的测试和类似的评估方式。

第九章聚焦学习氛围，以消除大家长久以来的疑虑，比如认为生本学习策略会导致教学的混乱。

第十章关注学生的学习动机，而它一直以来都被认为是决定教育成功的重要因素。这一章给教师提供了一些调动学生积极性的策略。

为什么要倡导生本学习策略

在众多倡导生本学习策略的理由中，有两个最为突出。第一个理由，不管教师如何教，生本学习反映了学生真实的学习情况。认知心理学家斯滕伯格等（Sternberg & Zhang, 2014）曾研究学习是如何发生的，他们的研究结果表明，通过向学生灌输知识来完成教学任务（师本教学）的成效是短期的，只能达到浅层学习的目的。想要实现深层学习，学生需要积极地自主构建知识体系，将所知与新学相联系，建立新的理解。

使用生本学习策略第一个理由的另一方面是——生本学习体现了学习的真正目的：真正成功的教学不仅要让学生在当下的考试中得心应手，还要鼓励他们成为终身学习者。要成为终身学习者，学生必须寻找内部动机。让我们的教学符合本章前部分提到的生本学习要素，就是符合学生的实际学习情况。

使用生本学习策略的另一重要理由是我们要面向未来，重视能帮学生实现美好未来的学习方式。在过去的两百年里，社会越来越民主，获取知识的途径也越来越多（Custer, 2012）。这两种趋势很有可能会持续，这两种有益的发展需要教育的支持。生本学习的重点在于终身学习,例如,重视思维技能、多样性、生生互动等,让学生能够以自然和人类共存共兴的方式塑造未来。

本书结构

生本学习的十大要素构成了本书的主要结构框架,在接下来的十章中,每章会探讨生本学习的一个要素,并提出简单有效的策略便于教师实施该要素。

每个策略前会有一个场景,该场景提供了实施该策略的基础。尽管书中的策略是有顺序的,但这不代表实施顺序。策略实施顺序取决于你的需要和教学情境。

毫无疑问,你会注意到这十大生本学习要素之间的关联。在一些策略后面,我们会强调它与其他章节的联系。实际上,生本学习代表了教育的一个综合性转变的范例,各种要素之间相互强化。

本书的第十一章也就是最后一章——"不懈努力"教我们如何帮助同事和其他人实施生本学习范例。该章中也包含策略。

本书的特别之处在于每章中所包含的策略。这些都是简单易用的策略,准备起来不复杂,不必花很多时间去计划和实施。大部分策略都可以在短时间内实施。每个策略都能对我们的教学和学生的学习经历产生影响,因为生本学习跟学习氛围有很大关系,而学习氛围能被一个简单的评论甚至是我们的说话语气所影响。例如,第一章"师生合作"中有个策略是鼓励教师接受来自学生的负面反馈。教师可以边微笑边说:"谢谢这名同学告诉我,欢迎班上每个同学给我反馈。"另外一个简单的策略是让我们反思教学。例如,在"学生自主"这一章中,有一个策略提醒我们要考虑给学生布置的任务是否是"可行的",即,学生延伸自己的能力是否可以完成任务。

正如生本学习鼓励学生要积极主动一样,本书也鼓励读者要积极主动。去吧,到实践中去学!无论何时,无论按什么顺序,尽可能多地使用适合你的策略吧。接下来,自由地选择阅读章节,并且多次阅读这些章节和策略。你可能会发现在某个时间看起来不合适的策略在其他时间是有意义的,不适合一组学生的策略可能适合其他学生。

当然,本书中的生本学习策略只是实施十大生本学习要素方法中的很小一部分。教育学方面的文献和其他教师会提供更多的方法。因此,本书每章会提供一张空白页面让你写和生本学习有关的其他想法,可以是你从其他人那里学到的,也可以是在教学和反思教学中自己想出来的。

参考文献

[1] Custer, J.(2012). Measuring democracy. Retrieved from http://www.cipe.org/blog/2012/08/22/measuring-democracy/#.Vb3yKPmqqko.

[2] Dewey, J.(1997). *Experience and education*. New York, NY: Free Press.

[3] Sternberg, R. J., & Zhang, L. F.(Eds.).(2014). *Perspectives on thinking, learning, and cognitive styles*. New York, NY: Routledge.

第一章

师生合作
Teachers and Students as Co-Learners

[摘要] 学习是一生中难忘的永无止境的历程。像学生一样，我们作为教师足够的幸运，有很多地方需要去学习，并且我们期待着可以将学习的历程与学生分享。

[关键词] 合作学习；教中学；负面反馈；终身学习；皮格马利翁效应

场景1：师生合作学习

以教师为主导的范式将教师视为"讲坛圣贤"，认为教师不会犯错，永远是正确的。但是如果信任的砖石有一块掉落，那么对于教师的信任就面临坍塌的风险。同时，这种错误的观念会误导学生，导致他们对于知识创造和获得有错误的理解。而在以学生为主导的教学范式中，我们鼓励学生发现并且修复现行教学与知识体系中的漏洞。也许有时学生的发现偏离目标，但这也没有关系，我们需要在这个过程中培养学生的批判性思维。

策略 1 —— 接纳负面反馈

　　许多人在面临批评的时候，最本能的反应是为自己辩护，并且以批评别人作为回敬。但是，如果教师在面临来自学生的批评时也采取同样的做法，那么也许之后学生就不会冒着风险给教师一些有意义的负面反馈了。相反地，我们应该对学生的批评表示感谢，并询问他们原因，同时告诉他们我们会如何改正。更进一步，我们应该鼓励越来越多的学生给予我们这样的反馈。

　　即使有时批评不一定正确，但是学生愿意分享他的观点，这是值得鼓励的事情。即使有的时候会怀疑学生反馈的动机，我们也要抱着最大的善意去回应。18、19 世纪著名的哲学家歌德（Goethe）曾写道："抱着最大的善意对待别人，人们也会满怀善意地对你。相信别人应该并且有能力做成，那么他们就一定可以。"

> 👆 这一策略同第十章"激发动机"相关联，因为它给学生更多的课堂掌控权，增强了他们的学习主人翁意识，从而激发学习动力。

场景 2：期望的影响

　　一项 50 年前由哈佛大学教授罗森塔尔（Rosenthal）和他的学生雅各布森（Jacobson）的研究结果与歌德（Goethe）的名言不谋而合。这项研究表明：如果教师对于某些学生有着高期待，那么那些学生最终会实现教师对他们的期待——学习上进步很快，求知欲强，充满了自信。同样地，如果教师对某些学生的期望值较低，那么学生在学业上的表现就会不佳。据此，研究者借用萧伯纳的戏剧《皮格马利翁》把这种现象称为"皮格马利翁效应"（The Pygmalion Effect）。

在此研究的基础上，另一组研究者发现，"皮格马利翁效应"也同样适用于学生对教师的期望。也就是说，当学生认为自己是被高水平的教师教授时，就会学得更多，表现得更好。反之，也是如此。

在师生合作学习的精神下，如果我们向学生承认自己在某些领域知识匮乏，会不会降低学生的期待值，从而影响他们的学习呢？答案是否定的。试想一下如果我们帮助学生转变对教师的看法，从认为教师是一个什么都懂的人转变为一个热爱学习并且知道如何学习的人，那么情况是否会大不相同？

策略 2 —— 终身学习

我们在准备课程的过程中，如果遇到与课程有关的新鲜有趣的事情，可以在课上跟学生分享，让他们知道我们在不断学习、不断汲取知识，并且邀请学生加入我们的研究、学习。接下来，我们可以让参与研究的学生一起来向全班分享研究的内容、研究的方式和想要继续研究的问题。要提醒的是：教师不应该负责回答课上学生提出的所有疑问，而应该将有些问题留给学生去回答，让学生通过自己的努力找到答案。教师只需在旁提供指导或者帮助学生做些辅助性调查。

在多年前人们就冥王星不是行星达成了共识，这是一个很好的用来解释终身学习的例子。因为这需要人们掌握相关的科学知识，回答这个问题可以帮助人们更好地理解科学是什么以及科学是如何产生的。

☛ 这一策略同第三章"学生自主"相关联，因为教师塑造了终身学习者的形象，告诉学生学习不只是局限在课堂和书本。

场景3：教师的自我表露

教师和学生的合作学习并不意味着教师只是成为学生最好的朋友，和学生出去玩耍、称兄道弟。相反，这意味着教师向学生分享一些自己的经历。这种来自教师的分享与罗杰和李（Roth & Lee）在2006年提出的学习社区（Learning Community）的概念十分相似。在他们看来，学习社区主要的目标是帮助人学习，而人文社区的氛围促成了目标的达成。

同样地，认知心理学家告诉我们人类通过新旧知识、新旧体验的联结来学习。教师通过讲述关于自己的经历，不断创造着这种联结和联系。但是，讲述自己的经历并不意味着我们花费大量的课堂时间用来塑造自己威严的形象。当乔治还是一个预备教师时，和他合作的教师就曾尝试过这么做。需要注意的是生本学习策略将重心放在了学生身上，而非教师。

策略3——联系个人生活

教师讲述自己之前或最近的经历，将这些经历与课堂内容联系起来。另外，教师还要鼓励学生去做同样的事情，将生活中的例子与课堂上学到的知识相联系。

联系是我们构建知识体系一个很有用的工具。学生可以在他们曾经和现在的阅读中创造联系，将阅读与身边的世界相联系，将阅读与个人生活与经历相联系。

☞ 这一策略同第五章"课程整合"相关联，因为它就所学知识与现实生活两者构建了联系。

第一章
师生合作

场景4：讲坛圣贤与俯身指导

有很多比喻用来形容教师，比如有的比喻把教师比作是表演者，把学生比作是观众。这种比喻很好地解释了1996年帕隆斯基（Palonsky）一本书的标题——《一年900次秀：从教师书桌的一角来透析教学》（*900 Shows a Year: A Look at Teaching from the Teacher's side of the desk*）。在这个比喻中，学生是被动的接受者，是消费者，等待被愉悦，而教师则是脱口秀演员，唯一不同的是脱口秀演员不会给自己的观众出考题，而且教师上课的内容不会比脱口秀有趣。生本学习策略试图改变传统的教学范式，教师逐渐从讲坛圣贤转变为学生的俯身指导。

有的教师曾经这样描述学生和教师的状态："上完一天的课，教师精疲力竭，而学生则身心放松。"生本学习策略则会带来截然不同的结果：教师和学生合作学习、共同探讨，学生也会参与部分的课堂教学，而不是教师承担所有的授课任务。学生可以从讲课中受益，在这个过程中学生成为积极主动、勇于思考的一方。在教别人的同时，不断学习，主动参与。生本学习策略中，教师和学生都能积极参与，虽然精疲力竭，但受益匪浅。

有句老话是这么说的：教别人的过程也是再次学习的过程。这个观点和帕林斯卡（Palinscar）和布朗（Brown）在1984年提出的"互惠教学法"（Reciprocal Teaching）不谋而合。实验的最开始，学生被教授一些有关理解能力的小技巧。接着他们轮流扮演教师的角色，教他们的同学如何使用这些技巧。实验的结果表明：互惠教学法的使用大大提高了学生的理解能力。

学生会从教教师和其他学生的教学经历中受益。当乔治还是个高中生的时候，社会科学是他最擅长的课程。有一天，社会学教师征集志愿者，让他们教接下来的课程，乔治主动报名。他要教的内容是苏联政府的架构。这次教学的经历对乔治来说，不仅仅让他对于苏联政府的组织架构有了更深的理解，更重要的是他了解到教学是多么困难的一项活动！通过这次的经历，他对教师这一职业有了新的理解，也对教师更加尊重了。

策略 4 —— 让学生体验教课

寻找一些让学生教课的机会。一个很简单的方法就是让学生教同班同学。相比于教整个班，这个方法更容易、更没有侵犯性。例如，教师给不同的组不同的信息，每组都有机会向其他组教授他们得到的信息。更为简单的方式是让每个学生介绍他们自己，或者每一个人独立完成一个问题，跟其他人分享他们的答案和解题方法。教师需要记住，学生对于教学毫无经验，因此他们需要教师提供一些教学小窍门，比如说：(1)用思维导图或者其他图式帮助理解核心信息，并有逻辑地向别人解释。(2)保证学生理解你所用的专业术语。

☞ 这一策略同第九章"学习氛围"相关联，因为它营造了一种学生积极参与的课堂氛围。

场景 5：听中学

有时，学生在课上并不认真听讲。尽管学生会来上课，但是他们并没有集中精神听课。相反，他们会聊天、谈论与课程无关的话题，或者发呆，或者被手机、平板电脑分散注意力。

在课上精力不集中被认为是种很失礼的行为，但是学生并不是有意不礼貌，他们只是没有被课堂内容激发起兴趣。因此，学生不应该成为唯一需要怪罪的对象。我们作为教师，有时没有做到倾听学生，也是造成这个问题的原因之一。

策略 5 —— 用心理解学生的想法

就像一句老话所说，在被理解之前试着主动去理解。除此之外，当我们努力去理解学生想要表达的东西的时候，应该逐渐挖掘和寻找闪光点。

另外一个很有用的策略是在让学生回答问题时给他们更多的时间思考。给学生 3 ~ 5 秒的思考时间，他们会得出很不一样的答案。但是教师常常只等待 1 秒甚至更少的时间，而且表现得很不耐烦。

☞ 这一策略同第八章"多元评估"相关联，因为评估应该是持续的过程，不仅关注学生的答案，更应关注学生解决问题的过程。

场景 6：基于学生的体验

让学生教教师的一个方式就是让他们谈论一个自己很熟悉、很了解的话题，但教师对此不甚了了。在学生谈论这个话题的时候，师生的角色暂时互换了，学生成为知识渊博的一方，而教师依靠学生传授知识。在这个角色互换的过程中，学生逐渐学会如何清晰、有耐心地向别人解释，而教师则逐渐了解成为被帮助一方是怎样的感受。并且，一些学生因为羞涩而不敢提问，但是如果我们首先向他们提问，那么学生会逐渐习惯向教师请教。

如果想要学生真正地参与进来，师生之间需要产生互动和真正的对话，这与课堂里的假对话（pseudo conversations）不是一回事。假对话指的是课堂上教师让学生回答一些问题，这些问题对于教师和班里的同学来说都很熟悉，早已知晓答案。研究者用"陈列问题"（display question）指代这些教师与班里其他同学早已知晓答案的问题。这个名词的出现是因为教师会让学生陈列既得的知识，学生给出的回答并不能给全班同学和教师提供新的信息。

策略 6 —— 发掘学生的专长

想想学生比较擅长的领域，比如他们的家庭、过去的经历、他们年龄段的流行文化、观点、生活习惯、电子产品、电脑软件和居住的地方。如果学生来自于完全不同的文化或国度，这也许给教师提供了很多可以向学生请教的地方。

另外一种方法是将学生放在专家的角色上，让他们成为"社区地图"（community mapping）专家。这是一种调查法，学生作为"社区地图"专家，发现、组织并且分析一些他们居住或学习的地方或其他一些对他们生活很重要的地方。让学生制作社区地图可以更好地帮助教师了解学生。

☞ 这一策略同第五章"课程整合"相关联，因为学生擅长的很多事情都在课外，因此通过让学生发挥自己的专长，我们可以将课堂知识与课外生活相联系。

场景 7：记日志

学习日志跟日记很相似，在学习过程中有很多应用，不仅仅局限于语言学习。事实上，学生在学习数学、科学和其他学科时同样可以使用学习日志。它可以帮助学生更好地梳理上课思路和弄清自己的课堂感受。学生可以从学习日志的反馈中受益,这些反馈来自于教师和身边的伙伴。反馈应该主要关注日志里的观点和想法,而不是标点、语法和拼写这些细枝末节的东西。

策略 7 —— 要求学生记学习日志

教师可以要求学生每个学期在电脑或本子上写下自己的学习心得,一次或两次即可。那么教师想要从学生的学习日志中获得怎样的信息呢?学生想要向教师传达什么样的信号呢?比如说,学生可以写自己在学校和家里遇到了什么困难。教师可以在学生的学习日志里加上评注,写上建议,帮助学生解决问题。

作者建议:我们在书里给出的策略都是简单、快速、不用花费很多时间的,但是评注整个班学生的学习心得需要一定的时间投入。我们见证许多教师使用了这种方法,并获得了成功。教师的评注不需要很长,可以针对日志里的一两个点做简单的评论。

👉 这一策略同第四章"聚焦意义"相关联,因为教师的反馈不应只关注拼写、标点与语法,更应关注学生的意见和观点。

场景 8:分享学习体验

无论是阅读电子书还是纸质书,无论学习什么科目,阅读永远是帮助我们加深理解的一项重要技能。大量课外阅读可以帮助学习者提高自己的阅读能力。遗憾的是,学生已经逐渐不再在课外时间阅读。相反,他们将大量时间花在各种各样的电子设备上,玩那些让人眼花缭乱的电子游

戏。而最好的一种鼓励学生阅读的方式就是让学生知道教师热爱阅读。（Jacobs & Farrell，2012）

如果我们只能抽出时间阅读当地报纸（纸质或电子的或新闻网站），这也是可以分享的一种阅读体验。并且，我们阅读的不一定要是学生喜欢或是有能力阅读的。最为重要的是我们坚持阅读，并且邀请学生加入读者社群，让他们从中受益。我们也可以通过观看视频来学习。比如说 TED 演讲和其他信息量大的视频都是通过一种简明的方式（比如字幕）传达信息的。

策略 8 —— 分享我们的阅读体会

如何告诉学生我们在阅读些什么呢？如果我们有固定的授课班级，可以在教室的门口处贴上一张小卡片，上面写有我们的名字和正在阅读的书籍的名称。比如说，我们可以在小卡片上写上教师艾伦正在阅读西斯卡和史密斯所著的《数学魔咒》（Math Curse）。小卡片由两部分组成：第一部分是我们的名字，这个部分通常变动不大；第二部分是书籍、杂志、网站的名称，随着阅读内容的改变，这个部分的内容也会相应变化，除非你看的是列夫·托尔斯泰（Tolstoy）的 1500 页大部头的《战争与和平》。

迈克尔的一个朋友最近参观了一所学校，不仅学校的教师，而且连行政人员和教学秘书都在他们的门上贴上了小卡片，写上了他们最近在阅读的书籍。当学校的行政人员也在分享自己阅读的爱好时，这向学生传达了一个重要的信息 —— 那就是阅读并不仅仅是教师的事儿。

如果教师没有固定授课的班级，仍然有两种方式可以向学生展示我们对于阅读的热爱：第一种方式是随身带一本自己喜爱的书，如果我们看的是电子书，那么就在电子阅读器上贴上在看的书籍的名称；第二种方式是询问学生阅读体验的同时也跟他们分享自己的阅读所得。

☞ 这一策略同第六章"尊重多样"相关联,因为每个人阅读的书籍、杂志、博客、网站完全不同,通过与他人的分享我们可以发现新的阅读材料,对事物有新的认识。

场景9：通过学生的视角评判教学

教师在很多方面都要学习,比如如何改善课堂教学。学生对教师的评价是个很好的工具,能给教师很多关于授课内容和方式的反馈。同时,当我们询问学生对于自己教学的看法时,他们学习的主动性会大大增强,这是生本学习策略的标志。

当然,不能仅仅因为大多数学生不喜欢教学的某一方面,就以为我们必须改变这一方面。同样地,也不能因为大多数学生喜欢某一项教学,我们就要一直保持这样的教学活动。与之类似的,应该鼓励学生去评估自己作为学习者的学习情况,去反思哪些学习方法和授课方式对自己有用,在哪些方面应该提高自己的学习能力。

策略9 —— 请学生参与评估

教师可以运用各种数据收集的方法来了解学生对教学的评价。简单的数据收集方法如调查问卷法,请学生对问卷给出的场景或感受描述项打分,5分制：0分表示强烈不同意,5分表示强烈同意,同意程度随分数依次递增。对于年龄较小的孩子,可以将5分打分制换成微笑、中立和难过等脸形。这种不记名的调查问卷里的描述项还可以包括：给出详细的解释,教师讲得太多，教师上课还不错，教师布置的作业太难和教师很有幽默感等等。

而用于学生自我评估的问题可以包括：我很擅长完成我的作业，我可以提出很有价值的问题，我知道如何收集更多与课堂内容相关的信息。

☞ 这一策略同第七章"思维技能"相关联，因为它鼓励学生在评估过程中培养学习技能。

思 考 题

1. 你见过其他教师或同事使用过本章提到的生本学习策略吗？如有，请谈谈你的感受。

2. 你使用过本章提及的策略吗？如有，效果如何？

3. 你想要使用本章介绍的但你没有使用过的策略吗？如果实施了，你认为你的学生将会有怎样的反应？你将对这些策略做出怎样的调整？

4. 有同事愿意与你讨论这一章吗？

5. 你还能通过哪些方式来倡导"师生合作"这一理念？

参考文献

[1] Ackerman, D., Gross, B. L., & Vigneron, F.(2009). Peer observation reports and student evaluations of teaching: Who are the experts? *Alberta Journal of Educational Research*, 55(1), 18–39.

[2] Jacobs, G. M., & Farrell, T. S. C.(2012). *Teachers sourcebook for extensive reading.* Charlotte, NC: Information Age Publishing.

[3] Palinscar, A. S., & Brown, A. L.(1984). Reciprocal teaching of comprehension-fostering and comprehension-monitoring activities. *Cognition and Instruction*, 1(2), 117–175.

[4] Palonsky, S. B.(1986). *900 shows a year: A look at teaching from the teacher's side of the desk.* McGraw-Hill College.

[5] Rosenthal, R., & Jacobson, L.(1968). *Pygmalion in the classroom.* New York, NY: Holt, Rinehart& Winston.

[6] Roth, W. M., & Lee, Y. J.(2006). Contradictions in theorising and implementing communities in education. *Educational Research Review*, 1(1), 27–40.

[7] Sampson, V., Enderle, P., Grooms, J., & Witte, S.(2013). Writing to learn by learning to write during the school science laboratory: Helping middle and high school students develop argumentative writing skills as they learn core ideas. *Science Education*, 97(5), 643–670.

请写下你对本章生本学习要素 ——"师生合作"的想法和建议：

第二章

生生互动
Student-Student Interaction

[摘要] 人类是社交型动物。当我们和他人一起学习时,学习效率最高,也最为享受学习的乐趣。学生合作学习的好处显而易见,比如说会有更强的参与感、更强的自信心和更好的学习成绩。因此,学生之间的互动,具体来说同伴互动、合作学习和互助学习应该成为学生学习体验中常规且重要的一环。

[关键词] 生生互动;合作学习;互助学习;同伴互动;合作技巧

场景1:创设一个学习空间

简单的细节如家具布置的情况会很大程度上影响小组活动(Jacobs et al., 2002)。在成功的小组讨论中,成员都坐得很近,可以自由交谈,也可以看到小组其他成员的动态。事实上,在远处旁观的教师很容易了解小组讨论的情况,也可以判断出哪些小组讨论得不太顺利,因为这种情况下,小组成员通常坐得比较远,相互之间的交流也不是很积极。

策略 1 —— 安排学生互动交流的空间

每个教室的大小、布局和设施都截然不同。无论如何，一般原则是鼓励学生在保证舒适的前提下尽量靠近对方。教师可以使用下面的三种方式帮助达成：(1)缩小小组的规模，比如说，二人小组比六人小组更容易靠近讨论。(2)向学生解释请他们靠近讨论的理由或者让他们自己猜测我们这么做的原因。(3)要坚持，很多新的习惯要花时间才能养成，比如说乔治让一些不太情愿和伙伴坐得很近的学生帮他一个忙 —— 与伙伴座位的距离不超过听力所及范围。

☞ 这一策略同第九章"学习氛围"相关联，因为教室的设施和座位的摆放很大程度上影响了课堂的学习氛围。

场景 2：学习小组的规模

上一个策略中讨论了二人小组。事实上，二人小组是最佳的小组规模，至少在小组讨论最开始实行的时候是。二人小组需要的合作技巧最少，因为只有两个人参与。并且，在二人小组中，每个学生的参与度达到了最高，而学生参与的积极性是生本学习策略的标志。

显然，规模大些的小组也有优势，比如小组数量少，便于教师的管理。有更多的小组成员完成任务，可以贡献新的想法和信息。但是，更多的时候，规模小一些的小组也许更好一些。下面是乔治认识的一个教师的观点，主要是关于规模大些的小组（如六人小组或人数更多一些的小组）存在的问题：

我的主要建议是不要一冲动就把学生分成大规模的小组。我有一次心血来潮,把学生分成了大组(六人一组),主要是因为他们抱怨教室里的小组太多,过于"拥挤"。不要这么做!事实证明,讨论的效果很不好——因为每组的人数太多了。

策略 2 —— 从二人小组开始

将小组活动介绍给学生,从组建二人小组开始。一个简单的二人小组的活动,可让学生轮流完成任务。一个学生完成一个任务,将他们的想法大声说出来,而搭档则担任教练。到下一个任务时,学生的角色对调。

👆 这一策略同第六章"尊重多样"相关联,因为学生可以决定自己时间的分配。

场景 3:多人学习小组

二人小组固然有很多的优点,多人学习小组的优点也显而易见。比如说,人多智慧多,"三个臭皮匠,赛过诸葛亮""众人拾柴火焰高"。多人小组(如四人一组)的另一个好处是它扩大了学生间互动的范围。比如说,当二人小组完成了数学题的解答,教师可以让两个二人小组组成一个四人小组,互相交流解题技巧,这样的方式可以让学生更好地互相学习,开阔思路。

策略 3 —— 将二人组合并为四人组

二人组有时可以独自运作,更多的时候可以和其他的二人组合并成为四人组，就像我们在合作学习策略里看到的那样，配对写作（Write-Pair-Square）。具体的方法如下：学生先独立完成任务，并把各自的解决方法用笔记录下来（Write their ideas）。接着，学生以二人小组（Pair）的形式互相讨论各自写下来的东西。最后，学生组成四人组（Square），也就是二人组的每位组员轮流和另外二人组的组员交流讨论和原来搭档讨论的意见，以此轮换下去。接着，四人组进行更深入的讨论。

👉 这一策略同第六章"尊重多样"相关联，因为四人小组想出来的点子在很大程度上要多于二人小组。

场景 4：合作学习

"合作学习"（cooperative learning）也可称为"协作学习"（collaborative learning），其基本理念是致力于促使小组高效运作，培养学生的学习与社交能力，丰富学习体验（Johnson et al., 2013）。（注意：不同学习资源中提到的合作／协作学习包含着不同的原则，其原则的名称也截然不同）平等参与原则（equal opportunity to participate）提倡小组的每个成员都施展自己的才华，在小组里扮演重要的角色，而责任到人原则（individual accountability）则鼓励每位成员尽心尽力完成本职工作。

这两个原则联系紧密。合作学习所包含的平等参与原则与责任到人原则最能发挥功效的时候，是当小组组员发现他们拥有共同的目标。小组的目标，比如说，可以是每位成员都能理解所得出来的答案，并且可以向他人解释为什么是这个答案以及小组的解题步骤。

策略 4 —— 每个组员都有自己的编号

为了确认每位成员都充分理解小组讨论的成果,教师可随机抽选组员,让他们给出小组讨论的答案和具体的解题步骤。抽选组员比较方便的做法是,分配给每位组员所坐的位置一个号码,并随机选择一个号码。这种标准化的编号系统可以为教师节省时间,也可以让我们比较容易知道每个学生是什么号码。

☞ 这一策略同第十章"激发动机"相关联,因为每位组员都有机会与他人分享所在小组讨论的成果。

场景 5:合作技巧

学生缺少合作的技巧或不愿意加以使用,这也许是很多小组讨论没有达到预期效果的原因。教育专家提供了下列合作技巧,希望可以帮助改善小组讨论:

◇ 询问小组成员是否理解

◇ 礼貌地表达不同意见

◇ 寻找更清晰的解释

◇ 询问理由

◇ 夸奖、感谢他人

◇ 询问建议

很多成人和青年人即使知道这些技巧也没有很好地加以使用。教师只需花上几分钟去强调这些合作技巧,也许小组讨论成功的概率就会大大提高。

策略 5 —— 传授合作技巧

教师可以选择一个学生常常需要使用的合作技巧，也可以让他们按照自己的意愿选择一个。接着，学生在课堂上讨论这个合作技巧的重要性和使用这个技巧的方法。举个例子，感谢伙伴为小组做的贡献，这个技巧简单但很少使用，通常我们可以用以下语句来表达："谢谢你的……""我真的很欣赏……""我欠你一个人情，因为……"。教师可以在小组讨论前组织这样的活动，然后让学生选择一位伙伴作为搭档，在小组讨论中，学生可以记录他们的搭档感谢他人的次数。

这一策略同第三章"学生自主"相关联，因为使用合作学习的技巧可以帮助小组合作更加顺利。

场景 6：相信合作的力量

是的，我们人类是社交型动物。我们享受和他人合作的乐趣。但是和他人合作比如说小组合作并不会一帆风顺，其中会出现一些问题，需要教师提供帮助。也许对学生来说，有的时候，一个人工作效率更高。教师要做的是帮助学生看到小组合作可以达到的愿景，这样可以鼓励他们坚持合作，共同完成任务（Kohn，1992）。幸运的是，教师可以找到很多关于成功合作的一手或二手资料跟学生分享。很多的二手资料可以在媒体上找到，比如关于篮球队和乐队的报道。至于成功合作的一手资料，我们可以参照自己或学生的亲身经历，比如和家庭成员、朋友的成功合作的经历或者加入社团、项目组和体育活动的体验。

策略 6 —— 鼓励学生记住小组成功的策略

教师可以跟学生分享自己曾参与过的成功的小组活动的经历,并分析成功的原因。比如说,小组活动的成功很大程度上是因为每个人都尽心尽力地完成了本职工作,其他成员会帮助鼓励能力较弱的成员,或者是每个组员都有很强的团队意识(运动队的团队意识是靠队名、队服的颜色和吉祥物等培养起来的)。接着,教师可以让学生分享他们的经历,并让他们分析小组成功的原因。课程结束前,全班同学一起讨论从那些成功小组的例子中学到了什么,哪些又可以用到自己小组的讨论中。

☞ 这一策略同第一章"师生合作"相关联,因为教师和学生互相分享学习经历和心得体会。

场景 7:独立任务

很多的研究都宣传合作学习的好处,但是不要混淆合作学习和共同学习(working together)两者的概念。在合作学习中,即使是团队的一员,每个人也需要独立完成任务。并且,也许一个小组最为重要的目标并不是最后成品的质量,比如小组的汇报,而是小组每个成员能力的提升。

策略 7 —— 自我评估

当学生完成了小组任务,互相学习、互相借鉴之后,对他们来说帮助最大的方式也许是完成任务后的自我评估 —— 也就是学生以小组的形式学习,然后评估自己的进步情况。比如说,在一起完成了一个项目后,每个小组成员各自反思自己的任务完成情况，然后与其他人分享。

☞ **这一策略同第八章"多元评估"相关联，因为学生成了学习的评估者。**

场景8："海绵"活动

在分组讨论时，会不可避免地出现一个小组提前完成讨论，发现自己无事可做的情况。当然，这个小组看上去似乎完成了讨论但事实上他们也许并没有。比如说，也许他们解决了一组数学问题，而且所有的答案都是正确的，但这意味着小组中的每一个成员都可以独立地解答相似难度的问题吗？如果答案是否定的，这意味着小组并没有真正地完成任务，因为小组活动的目标是提高每个成员的能力和增强他们的积极性。

假如小组成员真正完成了任务，我们可以让他们参与到"海绵活动"中。之所以叫海绵活动，是因为可以充分利用时间，就像海绵吸水一样。在合作学习的文献里经常出现海绵活动。以下一组海绵活动，可以应用于以学生为主导的教学活动中：

1. 检查自己的任务完成情况。

2. 询问他人任务完成的情况——询问他人解决问题的方法，他是如何得到问题答案的。

3. 想想关于这个话题自己还有没有什么想知道的。

4. 制订一个关于这个话题未来的学习计划。

5. 找出那些遇到困难的同学。

6. 做交换问题（见第七章）。

7. 记日志（见第一章）。

8. 阅读，比如坚持阅读一本小说。

9. 想象着你正在向你的祖父母或者更小年纪的学生解释你在做的事情（鼓励向不同背景的人做清晰的解释）。

10. 画一个图式来解释你正在学或正在做的东西。

11. 针对你所学的知识做一个拼图或编一则谜语。

12. 耐心地等待。

13. 思考如何更好地完成任务。

14. 反思你和同伴使用的合作技巧或者整个小组的合作分工。

15. 使用模拟表演的方式创造一个肢体动作来表示一个重要的概念。

16. 将重要的观点写成诗或一首曲子。

17. 根据你学过的一个重要概念想一个笑话，如咚咚敲门。

18. 团队建设：了解你的队友。

19. 团队建设：告诉你的队友他的一个强项是如何帮助团队完成任务的。

20. 设计属于你的海绵活动。

策略 8 —— 鼓励先完成任务的学生去帮助别人

海绵活动中有一个观点和本章生生互动的内容特别契合。如果一个小组早早完成了任务，教师应该鼓励学生分散开，去不同的小组提供帮助。

☞ 这一策略同第三章"学生自主"相关联，因为学生可以决定自己时间的分配。

思 考 题

1. 你见过其他人，比如你的教师或同事使用过本章提到的生本学习策略吗？如有，请谈谈你的感受。

2. 你使用过本章提及的策略吗？如有，效果如何？

3. 你想要使用本章介绍的但你没有使用过的策略吗？如果实施了，你认为你的学生将会有怎样的反应？你将对这些策略做出怎样的调整？

4. 有同事愿意与你讨论这一章吗？

5. 你还能通过哪些方式来倡导"生生互动"这一理念？

参考文献

[1] Jacobs, G. M., Power, M. A., & Loh, W. I.(2002). *The teacher's sourcebook for cooperative learning: Practical techniques, basic principles, and frequently asked questions*. Thousand Oaks, CA: Corwin Press.

[2] Johnson, D. W., Johnson, R. T., & Holubec, E. J.(2013). *Cooperation in the classroom (8th ed.)*. Edina, MN: Interaction Book Company.

[3] Kohn, A.(1992). *No contest: The case against competition (2nd ed.)*. Boston, MA: Houghton Miflin.

第二章
生生互动

请写下你对本章生本学习要素——"生生互动"的想法和建议:

第三章

学生自主
Learner Autonomy

[摘要] 当学生为自己和同伴的学习负责时,他们开始向终身学习者转变。

[关键词] 学生自主;多样选择;可行任务;同伴反馈;学生设计教材

场景1:多样选择

自主学习一个很重要的特征就是给予学生多样选择(Benson, 2013)。比如说,学生可以自己选择小组作业的题目。但是,选择并不意味着没有限制;相反,它指的是在一定范围内。举个例子,如小组调查策略描述的那样,小组成员需要从教师给定的话题里选择一个话题进行讨论,或讨论与全班研究的主题相关的内容(Sharan & Sharan, 1992)。根据小组调查策略,课堂活动以小组形式展开。假设课堂的内容是健康饮食,那么每个小组研究这个主题下的一个方面。

策略 1 —— 给予学生多样选择

你的学生做了哪些与自身学习有关的选择？如果在教师的指导下，学生又会做出怎样的选择？教师的哪些指导也许会对他们有用，是例子还是标准？

☞ 这一策略同第十章"激发动机"相关联，因为给予学生学习掌控权会大大增强其主人翁意识，从而激发他们的动机，努力学习。

场景 2：独立意识

自主学习可以培养学生的独立意识，让他们不再依赖教师。学生可以自己或在同学的帮助下变得更加独立。但是不论哪种方式，对于学生来说，独立是一件可怕的事情。因此，我们作为教师需要采用乔治的导师在他早期教学时教导他的一种方法——"寓学于乐"。从理论上来讲，维果斯基（Vygotsky, 1978）称其为"最近发展区"（Zone of Proximal Development），也就是说给学生一个对于他们而言是可完成的小挑战。

策略 2 —— 布置可行的任务

给学生布置的任务是否是切实可行的？如果答案是否定的，以下的方法可以帮助教师大大增强任务的可行性：（1）为学生示范如何完成这个任务。（2）完成部分任务，然后要求学生完成剩余任务。（3）降低任务的难度，比如给学生解释复杂难懂的名词。（4）帮学生组队，保证每个团队中有一名优等生。

☞ 这一策略同第二章"生生互动"相关联,因为当小组成员的学习能力有所差别时,教师应该鼓励同伴间互相指导。在任务设置时,教师应该将学生的水平考虑在内,给低水平的学生布置相对简单可完成的任务;给高水平的学生布置更有挑战性的任务。

场景3:同伴反馈

当学生完成了一项任务时,他们通常想要教师的反馈,研究表明,及时和细致的反馈可以促进学生的学习。在生本学习的教学模式下,我们鼓励学生听取他人的意见,不仅仅是教师的。当学生需要反馈时,同伴的反馈可以作为对教师反馈的补充。同伴反馈的好处有:(1)同伴反馈更为及时,因为通常只有一名教师,但是有一教室的伙伴。(2)学生可以从给予同伴反馈中学习,无论同伴的作业质量如何。

策略3——鼓励同伴反馈

在合适的情境下,我们要鼓励"可行的"("doable",本书中作者最喜欢的词语之一)同伴反馈。可行,在某种程度上意味着学生的反馈不必像教师的一样面面俱到,比如说,同伴反馈只需包括任务的一个方面即可。并且,学生的反馈可以不仅仅关注同伴所犯的错误,而且看到做得好的地方。这样做可以让这一方法更加积极,也可以让学习能力较弱的学生给学习能力较强的同伴可行的反馈。

☞ 这一策略同第八章"多元评估"相关联,因为除了教师反馈,学生还需要接受和给予来自同伴的反馈。

场景 4：学生研发教材

自主学习另外一个很重要的部分是学生参与教材研发（Jacobs，2013）。通过贡献教材的素材，学生给学习打上了自己的烙印。他们不再认为学习只是学校或教师的职能，而是将其认可为自己的财富。

学生参与教材的研发可以有多种形式。其中一种形式是将学生的一部分优秀作业作为学习的材料。为了让优秀作业成为合适范本，教师也许需要对其进行微小的改动或者让学生来做。在改动的时候，我们需要找到合适折中的方法，一方面把作业修改成合适的范本，另一方面不要对作业进行太大变动。这种不完美的范本，对于学生来说更易理解和接受，教师也可以锻炼学生，让其找出同伴作业的优点和缺点。

将学生的作业作为教学材料的一个好处是可以激励学生认真修改自己的作业。通常情况下，学生很不情愿去修改自己的作业，因为对于他们来说任务已经完成，已经着手准备下一个任务。也许是因为他们不够勤勉或者他们不知道该如何修改。这个时候学生参与"参编"教材的策略可以派上用场。当学生意识到自己的作业可以帮助其他同伴时，他们会更愿意花精力去加以完善。

策略 4 —— 分享优秀作品

如果有一个学生或一组学生作业完成得很好，教师可以征求他们的同意，问他们要份电子版，注明出处，就可以不仅跟现在的班级分享，也可以展示给未来的班级。即使学生的作业跟完美的作业相比仍有一定的差距，但它仍是非常好的教学素材，可以培养学生反馈的能力。

☞ 这一策略同第九章"学习氛围"相关联,因为它帮助营造人人参与的课堂氛围。

场景 5：学生担责

学生缺课时会发生怎样的情况?通常,教师负责找出那些缺勤的学生并给他们补课。但是,这种情况下,我们剥夺了学生与其他伙伴建立联系的机会。当他们给缺勤的小伙伴归纳上课内容的时候,自己也可以更好地理解知识点;当他们告诉小伙伴明天的课程要做怎样的准备时,也帮自己回顾了一遍。

策略 5 —— 鼓励学生帮助同伴

教师培养学生对伙伴的责任感。比如说,当一个学生缺勤时,小组成员或班上的同学可以帮他补课,教他课堂上学到的知识。这就是在教师帮助下学生的责任。

☞ 这一策略同第七章"思维技能"相关联,因为学生需要厘清课程的思路,然后将课堂的主要内容教授给缺课的伙伴。

场景 6：同伴互助

缺乏对同伴指导的信心是自主学习一块很大的绊脚石。解决这个问题的方法在于布置可行的任务,让学生有能力可以指导他人。除此之外,教师也可以鼓励学生在遇到问题时,最先求助于同伴。

策略 6 —— 鼓励同伴互助

教师倡导"先求小组再找教师"（Team Then Teacher，简称 TTT）的理念，也就是当学生在学习中遇到困难时鼓励他们先询问伙伴而不是教师。或者，在 TTT 的基础上更进一步，使用 3+1 B4T（3+1 before teacher）的原则，就是说学生询问教师之前，先询问小组里的三个组员，看看能否解决疑问。若是无法解决，学生还可以向其他小组的伙伴请教，最后再来向教师求助。另一种相似的方法是 C3B4ME（see three of your classmates before coming to see me），教师可以对求助的学生说："拿着这些问题先问问你班上的三个同学，若是不行，再来问我。"

与之相似的策略是让学生（无论是个人还是小组）在询问我们之前先去网上搜索有关信息。即使没有在网上找到答案，学生检索之后也会对问题有更深入的了解，可以积极与教师探讨，讨论出解答方法。

☞ 这一策略同第六章"尊重多样"相关联，因为它帮助学生认识到不同的人可以在不同层面上帮助自己。

场景 7：教师指导

"教师应从讲坛圣贤变为俯身指导"这句标语是生本学习策略的重要推动力。另外一句口号"教得愈少，学得愈多"由新加坡教育部推广倡导，为大众所熟知。它的中心思想是教师在课堂上讲得愈少，学生愈会积极主动，因此掌握得愈好。

请注意，这里的关键词是"愈少"而不是"没有"。我们教师仍需讲授知识点，但是无须讲满整节课，可以多留时间给学生思考、讨论。

但是，使用时不要一蹴而就，因为对于学生和教师来说，彼此都需要时间来适应教师作为场边教练这种教学方法。当学生在学习过程中遇到问题时，我们教师习惯于第一时间跳出来帮他们解决，而学生每当遇到问题时也指望教师像超人一般，跟他们说："不要怕，老师在身边。"然后帮他们解决所有的问题，无论是知识的理解、表演技巧还是与他人的沟通合作。

以下的内容来源于一位教师的教学日志，是关于学生在遇到问题时鼓励他们先自己解决或寻求伙伴的帮助，而不是直接问教师答案。

> 控制权的转移也许是最大的挑战（至少对我来说）。当教师不再在课堂上发挥核心的作用时，很多人（包括教师、家长和管理者）都会非常担忧。说服他们，让他们意识到当教师不再强灌知识时，真正有质量的教学才会发生，这件事是极其困难的。有的时候学生小组讨论时会发出很大的声音，让我觉得有些烦恼。即使我知道学生在创造一个属于自己的学习氛围，其他人仍可能会认为这是一个无组织、无纪律的课堂。但请注意，他们并不是在吵闹，而是很多人同时在讨论。我可以接受这种"嗡嗡"的吵闹声，因为我知道他们正在完成任务，在讨论。并且对于其他人来说，看到学生静静地待在座位上看书，也会令他们忧虑，他们也许会认为教师在偷懒或开小差。

策略 7 —— 启发式教学

下次当学生以小组为单位讨论的时候，教师可以站在小组边上，静静观察，这个阶段中不要跟小组成员有眼神交流。如果学生向我们提问，我们可以像苏格拉底（Socrates）那样回答，反问他们："你怎么认为？""小组的其他成员是如何考虑的？"或者是"为什么不去搜索引擎检索一下或者看看教科书上是怎么说的？"

另一个比较相似的策略是站在 A 组旁，同时观察 B 组。如果教师站在 A 组的旁边，将目光投向 B 组，两组都会甚少依赖教师。教师也可以将这次观察机会视为一个很好的学习机会。在观察前，教师可以问自己一个问题："小组是如何帮助学习有困难的学生的？"或者"在小组互动中，涉及了多少我上课讲的内容？"

☞ 这一策略同第一章"师生合作"相关联，因为教师观察课堂并从中学习，将学习收获与学生分享，并跟他们解释这些将如何影响教师的教学。

场景 8：反思总结

认知心理学的研究告诉我们每个人处理信息的独特方式大多建立在他们的经验和过去的学习基础上，并且每个人对于事物的理解也有着很大的差异。因此，每个学生在课堂里的收获也截然不同。为了提高学生自主学习的能力，我们希望学生可以监控自己的学习情况，包括清楚了解自己学过哪些知识、知道自己对知识掌握的牢固程度、想学习的内容和追加学习的方式。

策略 8 —— 要求学生做学习小结

在一门课、一个话题或一个活动结束后，教师可以让孩子们填写"出场券"。这是一种需要学生填写的小纸条（通常在下课时），需要在上面回答或解决一个问题。这种小纸条可以让教师及时掌握学生的学习效果（Owen & Sarles, 2012）。在"出场券"上，学生可以：

1. 归纳他们所学的知识。

2. 讨论他们学习过程中的问题、想更深入学习的内容以及如何学习它们的方法。

3. 回顾课堂上喜欢和不喜欢的内容。

4. 思考如何把所学应用到现实生活中。

除了让学生下课时填写"出场券",我们还可以让他们在课开始前填写"入场券"。在"入场券"上,学生可以:

1. 回忆上节课的课堂内容、作业或者自己对于本节课话题的背景知识。

2. 写下对于上节课的疑惑。

3. 想想本节课的学习目标。

4. 写下他们觉得重要、需要优先处理的事情,比如用思维导图记录自己的想法,或者帮助伙伴检查学习情况。

👉 这一策略同第四章"聚焦意义"相关联,因为出场券和入场券的目的是考查学生对知识的掌握程度,而不是拼写、语法等这些文法细节。

场景9:从实用学习到通用学习

当学生填写出场券,或做一些其他的反思活动来监控自己的学习过程时,我们作为教师需要帮助他们树立全局观,分清主次。举个例子,在50分钟的课程中,乔治教学生如何准备小组展示;课程快要结束时,乔治问学生课堂上记忆最为深刻的知识点是什么。

学生提到最多的是使用较大字号。乔治对于这个回答很失望,因为他希望可以听到更多全局性、概括性的答案,比如使用清晰、有吸引力的图像或者在做展示之前要充分考虑到观众的水平和需求。当然,一些实用的技巧，比如使用较大字号，也是很重要的，但是应该与更有归纳性、宏观的内容相联系。

这堂课后，乔治开始反思自己，很大程度上他是因为学生局限于细小的知识点而责备他们，而作为教师他恰恰需要发现学生的问题并帮助解决，就像乔治他需要帮助学生看清细小知识点背后的整个知识框架或是整个知识体系中最为核心的部分（比如说在做演讲前弄清你的受众），同时也不忘记小知识点的应用（比如使用大些字体让每个人都能看清演示文稿上的字）。社会心理学家库尔特·勒温（Kurt Lewin）曾发表过一个著名论断："没有什么比一个好的理论更实际的了。"全局观、对事物宏观的思考是理论的，而具体的应用则是实际的。学生不仅需要从理论和实际应用层面了解，也需要把握两者之间是如何联系的。

策略 9 —— 强调全局观

教师应该帮助学生厘清他们所学的小知识点背后更加宏观的知识体系和逻辑架构，反之亦然。比如说，科学课上一个常见的活动是用简易的材料搭建一座大桥，然后看大桥最多可以承受多重的重量而不被压垮。在过程中，也许学生会投入很多精力关注搭建大桥需要多少材料和胶水。为了让他们了解事情的整体情况，并让小组讨论更有意义，教师可以鼓励学生课后观看网上 1940 年塔科马海峡吊桥倒塌的视频，以更好地了解大桥的承重结构。

☞ 这一策略同第五章"课程整合"相关联，因为强调全局观，如受众意识等是各门课程都需要考虑的内容。

思 考 题

1. 你见过其他人，比如你的教师或同事使用过本章提到的生本学习策略吗？如有，请谈谈你的感受。

2. 你使用过本章提及的策略吗？如有，效果如何？

3. 你想要使用本章介绍的但你没有使用过的策略吗？如果实施了，你认为你的学生将会有怎样的反应？你将对这些策略做出怎样的调整？

4. 有同事愿意与你讨论这一章吗？

5. 你还能通过哪些方式来倡导"学生自主"这一理念？

参考文献

[1] Benson, P.(2013). Learner autonomy. *TESOL Quarterly*, 47(4), 839–843. doi:10. 1002/tesq.134.

[2] Jacobs, G. M.(2013). Extensive reading materials produced by learning communities. *TESL Reporter*, 46(1, 2), 28–39.

[3] Lin, J. W., Lai, Y. C., & Chuang, Y. S.(2013). Timely diagnostic feedback for database concept learning. *Journal of Educational Technology & Society*, 16(2), 228–242.

[4] Owen, D.,& Sarles,P.(2012). Exit tickets: The reflective ticket to understanding. *Library Media Connection*, 31(3), 20–22.

[5] Sharan, Y., & Sharan, S.(1992). *Expanding cooperative learning through Group Investigation*. Colchester, VT: Teachers College Press.

[6] Vygotsky, L. S.(1978). In M. Cole, V.John-Steiner, S. Scribner, & E. Souberman (Ed.), *Mind in society*. Cambridge, MA: Harvard University Press.

请写下你对本章生本学习要素——"学生自主"的想法和建议：

第四章

聚焦意义
Focus on Meaning

[摘要] 生本学习要求学生在学习中了解学习的内容及原因并认识其对于课程构建的影响。在教学过程中,教师应当重视学生表达观点的方式,但更应该关注学生的观点本身,即肯定内容比形式更重要。

[关键词] 聚焦意义;在语境中学习;真实任务;特定语境中的语言;泛读

场景1:透明度原则

透明度原则(transparency)在生本学习中发挥着至关重要的作用(Winklemes, 2013)。学生应当理解为什么有些内容被纳入课程安排而有些内容却没有,他们也应当理解为什么教师采用特定的教学方法,例如生本学习策略。当然,针对不同的对象,例如幼儿园小朋友和大学三年级学生,教师给出的解释应当是不同的。当学生对于"学什么""为什么要学""如何学"的问题有所了解之后,学习就被赋予了更多的意义,相应地,学习积极性和理解能力也将获得提升。

给出解释之后,教师便可以征求学生的意见了,此时必须牢记:我们才是这个房间里的教育专家。的确,学生的想法独特而珍贵,但我们也不应事事认同。

举个例子,有一次乔治设立了一个工作坊帮助一些大学生完成习作任务。首先,他仔细讲评了一位学生上学期的习作,帮助学生明确了例文的闪光点和不足。之后,乔治询问学生是愿意继续分析另一篇上学期的文章还是专心修改他们自己的文章。

在对学生的选择做出推测之前,你要知道这些学生应当是带了他们的作文初稿来工作坊的。然而,和上个学期的情况如出一辙,大部分学生没有准备初稿。乔治和其他任课教师将这种情形归结为拖延症的糟糕表现。

学生希望乔治继续分析下一篇作文,然而乔治却希望学生能够接过接力棒,开始修改他们在课前应当已经写就的初稿。最后,乔治不得不向学生妥协。在这个例子里,乔治是不是应该更专制一些呢?

在另一个相似的案例里,迈克尔给一群高中学生上英文课。为了让学生参与到学习中去,他请他们来选择课程话题。不出所料,他们选择了以前学过的话题,因为早已掌握了大量相关词汇,所以看起来似乎轻车熟路,但并没有达到真正的目的。为了推动学生学习,迈克尔是不是应该自己规定话题呢?

策略 1 —— 解释是什么、为什么以及怎么做

教师要向学生解释教育是什么、为什么以及怎么做。换言之,教师应当向学生解释一节课、一个单元或者一个学期的主要目标是什么以及将其作为主要目标的原因。再者,教师要和学生讨论本节课或本单元教学所需

的学习方法及其原因。例如，教师也许能轻易洞察教科书里某个概念对于学生未来学习的重要意义，但学生对于这一概念的重要性却可能全然不知。因此，教师应当告知学生这一概念的重要性并解释原因。

👉 这一策略同第十章"激发动机"相关联，因为这一策略不仅能帮助学生理解用某一特定方式学习特定内容的原因，而且能让他们在课程构建的过程中掌握一些话语权，这对于强化他们在学习中的主人翁意识和支配意识也许大有帮助。

场景 2：构建学习框架

研究人员在一节课结束之后请任课教师和学生分别描述课堂内容，结果却得到了不一样的回答。这一结果出人意料，也在情理之中，但确实令人遗憾，因为学生在了解课堂内容的情况下，会构建一种近似于相框的框架来储存这节课的知识要点。认知心理学家告诉我们信息并不是以孤立的散点而是以相互联系的网络形态被储存在我们的大脑中的（Gardner，2008）。框架有助于网络的建构。但是，这一网络建构与生本学习又有什么联系呢？要知道，学生只有先了解了一节课的授课计划才能更好地提供相关的调整建议。

策略 2 —— 分享教学计划

斯蒂芬（Stephen Hall）是乔治和威利以前的一个同事，他以一种简明的方式来告知学生当日的授课计划。每次课前他都会在黑板或者投影上展示这节课的教案，其中包括他计划了哪些课堂内容以及如何开展教学。学生可以往里添加内容。一节课收尾时,这份教案就可以用来指导学生回顾课堂内容了。

👉 这一策略同第九章"学习氛围"相关联,因为分享教案可以帮助学生总揽教学全局,进而更轻松地给予修改建议。

场景 3:教学与生活实际相结合

当我们还是实习教师时,就开始学习如何规划课堂,许多学校也强调备课的必要性。前一个策略展示了如何有效准备一节课的授课计划。这些精心设计的教案固然有其用处,但我们也要保持足够的灵活性和自发性,以此确定是否要另起炉灶或者做出调整,尤其是当我们捕捉到将学习与学生生活联系起来的契机时(Sherman, 2001)。1991 年,乔治那时是九年级学生的任课教师。某天早晨,报纸的头条消息是篮球运动员"魔术师"约翰逊(Magic Johnson)宣布自己 HIV 呈阳性。要知道,就连不关注篮球的学生也知道"魔术师"为何人。所以当乔治问学生们是否愿意听他读一段相关报道时,学生欣然同意了。可以预见,在后续的讨论中,学生的参与度大大超过了平时。

策略 3 —— 乐于调整教案

教师应当时刻留意那些可以将外界信息带入课堂的机会。当然,我们没有必要放弃整节课的教案,每节课仅仅花上几分钟时间联系当天的新闻事件就可以让学生明白该堂课所学内容的重要性。联系的新闻不一定非得是头条新闻。任何可以引起学生注意力的新闻都可以被纳入教案当中。

☝ 这一策略同第三章"学生自主"相关联,因为当教师乐于更改教案时,学生对自己的学习就有了更多的掌控权。

场景 4:教学与学生兴趣相结合

对于乔治来说,和学生聊"魔术师"约翰逊的事可谓小菜一碟,因为他本人就是职业篮球的铁杆球迷。然而,教师并不总能与学生趣味相投。例如,从《神奇宝贝》风靡的年代至今,乔治从未对电子游戏、手机游戏等产生过兴趣,尽管这些是他的许多学生以及侄子侄女们消遣时的首选。无论如何,作为一位优秀教师,虽然心有抵触,为了使教学更好地联系学生生活,乔治还是试玩了这些游戏。所幸后来 Wii 游戏以及同类型的游戏平台问世了,乔治也终于从其中的一些游戏中找到了乐趣。

策略 4 —— 了解学生的兴趣

师生合作是生本学习的一大要素。因此,教师应当了解学生的兴趣,从学生那里学一点皮毛,并想办法在课堂活动中投其所好。对此,学生或许能给出一些建设性的意见。

☝ 这一策略同第一章"师生合作"相关联,因为通过这一策略,教师可以向学生展现自己乐于关心学生兴趣的一面,从而向学生传递"自己和他们一样也是学习者"的讯息。

场景 5：联系语境

在阅读、观看和倾听等学习过程中，教学材料的意义相较于教学点（teaching point）来说总是有点距离的，无论这个教学材料是语言课上的一篇文章、数学课上的一道应用题、科普文中一个例子还是历史书中的一个故事。这样一来，学习便往往会脱离一定的语境。威利认识的一位数学教师就曾经历这种情形。他曾经让学生解答下面的应用题：谭老师为2月28日在杨厝港农场（Yeo Chu Kang Farm）的野外活动预订了两辆大巴。每辆大巴可乘坐20人。谭老师班里有39个学生，那么每辆车上分别坐多少人？竟有学生扬扬得意地回答19.5人！

策略 5 —— 询问学生的观点和经历

教师应当想办法帮助学生搭建课堂内容与实际生活相联系的桥梁。为此，教师可以征求学生的意见，询问他们是否有相关经历或者与课程话题相关却截然相反的经历。

☞ 这一策略同第十章"激发动机"相关联，因为将学生的观点和经历纳入课堂会大大提高学生学习的主人翁意识。

场景 6：保持任务真实性

在课堂中引入现实世界的任务可以帮助学生了解任务的意义。以下这个反例来自一位澳大利亚大学教师涅娃（化名）。

第四章
聚焦意义

一封从未寄出的信

涅娃是澳大利亚一所师范学校的讲师。她有一个11岁的外甥女,叫克丽丝特尔,住在澳大利亚的另一地区。克丽丝特尔的教师布置了一项任务,要求孩子们看一本书,然后给书的作者写一封信。涅娃的一位同事梅姆恰好是一位著名的儿童读物作家。于是,克丽丝特尔向涅娃索要了梅姆的地址。

几个月过去了,在此期间,涅娃从未听梅姆提起过收到外甥女的信。一天,涅娃和姐姐聊天时问起克丽丝特尔信的去向。姐姐难过地回答她:"哎,说来你也许不信,克丽丝特尔和我说时都哭了。她把信给了老师,老师道谢后就把她的信留下来打分了。后来,克丽丝特尔向老师询问寄信的事,结果老师一脸吃惊,好像听到了一个愚蠢的问题。她对克丽丝特尔说:'你不会真以为我们要把信寄出去吧?'"

在这一例子中,教师提出了一个绝妙的构想,即一个方便学生看见其行为意义的任务,但最后却剥夺了学生看见任务意义的机会,使任务退回到了一项纯粹的练习。

策略6 —— 寻找真实任务

教师可以请教同事、上网或者请学生献计来将课内知识运用到课外。只要学生有所参与,哪怕是再微小的一个行动,也能帮助他们了解学习的意义。

想看更多真实任务的例子,请登录: http://jfmu-eller.faculty.noctrl.edu/toolbox/examples/authentictaskexamples.htm。

☜ 这一策略同第七章"思维技能"相关联,因为真实任务囊括了现实世界所有的复杂因素,所以对于思维技能的运用也有一定要求。

场景 7：意义大于形式

有时不仅仅是学生,教师也可能过于关注学生的表达方式,即学生的说话或写作形式,以至于忽略了学生的真实想法。下面的这个故事印证了这一点。这个故事的主人公是一位父亲和他上小学的儿子。这位父亲过多地关注了语法而忽略了其语言的意义。故事开头是小男孩向父亲叙述当天早些时候参加的一个车库甩卖会上的经历。

男孩：我的朋友,罗宾,他没有带够钱,所以我给(gived)了他一个硬币,然后,他买(buyed)了一个蛋糕,之后我也给(gived)了那个男的一个硬币买蛋糕。

父亲：你不应该说,"我买(buyed)了一个蛋糕",你应该说"我……"

男孩："买(bought)了"。

父亲：那你刚才为什么说"买(buyed)"？

男孩：我不知道。咱们不要再说了！(男孩要求父亲不要再拿语法问题来烦他。)

父亲：嗯,那好吧。你买了蛋糕之后做了什么？

男孩：我吃(eated)掉了。

父亲：你刚刚说,"我吃(eated)",应该怎么说？

男孩：吃(ate)。

父亲：那好,那你为什么说"吃(eated)"？

男孩：唔,呃,我！不！知！道！

父亲：哦好啦！要是你每次说错时我都像袋鼠一样围着你跳，怎么样？（这位父亲开始跳动。）

男孩：停！

父亲：好吧。

上述例子中，小男孩兴致勃勃地告诉父亲甩卖会上发生的事，尽管叙述时使用了大量错误的动词过去式，但并不影响意思的表达及父亲的理解，然而父亲却不断打断男孩纠正他的错误，最后将男孩惹恼，导致了尴尬的局面。

策略 7 —— 牢记意义

诚然，信息的传递方式很重要，但教师也不应该忽略信息本身。教师给予学生的反馈应当基于信息内容而不是表达方式。

☞ 这一策略同第二章"生生合作"相关联，因为学生需要为同伴作业的要点提供反馈，而不是过于关注细枝末节。

场景 8：特定语境下的语言

语言在学习任何事物时都扮演着重要角色（Airey，2012）。即使是熟知教学语言的学生也可能不了解他们所学学科的语言，因为每一个领域不仅有该领域的专业术语，还有专门的表述方法。教师的任务就是邀请学生参与到学习和运用某一领域知识的活动中去，这需要教师耐心地去理解学生想要表达的内容并帮助他们将自己的想法"翻译"成特定领域的语言。

策略 8 —— 善用语言沟通

教师不但要指导学生学习不同学科领域的概念,还要帮助他们了解用于交流这些概念的语言。具体来说,教师可以在课上与学生讨论不同学科领域中的特殊词语并请学生思考其他具有相同意义的表达方式。如此,学生便能同时理解词语的专门意义和普通意义。

☞ 这一策略同第五章"课程整合"相关联,因为语言在整个课程中发挥着重要的作用。

场景 9:学习课堂用语

许多学生来上课时往往对即将面临的语言要求毫无思想准备。或许,他们在家里使用的语言与学校里的教学语言不一样,抑或,语言是一样的,只是学生在家里说话的口音和课堂上使用的标准口音不一样。这样一来,学生需要投入大量时间来熟悉课堂语言或口音。运用本章前述的一些策略可以实现这样的目的。此外,我们也将分享其他的一些策略以帮助学生在课堂之外培养整体语言能力。

策略 9 —— 鼓励学生在指导下广泛阅读、倾听和观察

泛读(extensive reading)是提高阅读能力以及其他语言技能公认的方法。在泛读时,学生阅读大量符合他们现有水平或者稍高于现有水平的材料。如果材料难度远远超出学生水平,学生可以反复阅读,在每次阅读中加深理解。泛读也可以与听力材料结合,例如,TED 演讲经常伴有听

第四章
聚焦意义

力原文。网络为我们提供了大量接触外文信息的机会。乔治的第二语言是西班牙语,有时他就会阅读职业篮球赛的西班牙语信息。

☞ 这一策略同第六章"尊重多样"相关联,因为学生可以自主选择他们阅读、倾听和观察的内容。

思 考 题

1. 你见过其他人,比如你的教师或同事使用过本章提到的生本学习策略吗?如有,请谈谈你的感受。

2. 你使用过本章提及的策略吗?如有,效果如何?

3. 你想要使用本章介绍的但你没有使用过的策略吗?如果实施了,你认为你的学生将会有怎样的反应?你将对这些策略做出怎样的调整?

4. 有同事愿意与你讨论这一章吗?

5. 你还能通过哪些方式来倡导"聚焦意义"这一理念?

参考文献

[1] Airey, J.(2012). I don't teach language: The linguistic attitudes of physics lecturers in Sweden. *AILA Review*, 25, 64–79.

[2] Gardner, H.(2008). *The mind's new science: A history of the cognitive revolution.* New York, NY: Basic Books.

[3] Sherman, N. W.(2001). Connecting physical education to the lives of urban high school students. *Journal of Physical Education, Recreation & Dance*, 72(4), 6.

[4] Winklemes, M. A.(2013). Transparency in teaching: Faculty share data and improve students' learning. Retrieved from http://www.aacu.org/publications-research/periodicals/transparency-teaching-faculty-share-data-and-improve-students.

SIMPLE, POWERFUL
STRATEGIES FOR
STUDENT CENTERED LEARNING

| 简明生本学习策略

请写下你对本章学习策略要素 ——"聚焦意义"的想法和建议：

第五章

课程整合
Curricular Integration

[摘要] 学生可以将自己在不同课程里学到的知识进行联系，不要将学到的知识仅仅局限于自身和教室里，而要将课堂知识和现实世界相联系。通过这种方式，学生可以更好地理解他们学到的内容，也可以更好地体会学习这些知识的缘由（Morris，2003）。可惜的是，学校课程的学习通常切断了课程之间的联系，这种情况在高年级尤其明显，造成的后果是，在真实的世界里，学生通常割裂了事物之间的联系，比如说认为在思考跟科学有关的事情时就不要做有关数学的计算。学生当然应该意识到在学校以外的世界里，一切事物都是相互联系的。

[关键词] 课程整合；问题解决；服务学习；教师间的合作；教具；道德感

场景1：明晰联系

课程的整合不仅仅是教师的工作，它同样也发生在学生的脑海里。比如说，学生能够发现这周与上周的课程或者与其他课程在知识和技能方面的联系吗？有的时候知识间的联系对于我们来说很容易就能够发现，但是对于学生来说并非如此。

策略 1 —— 帮助学生发现课程间的联系

当教师发现了新旧课、不同科目课程之间的联系后，也要鼓励学生以小组的形式去发现知识之间的联系。

以下是帮助学生发现知识间联系的一些公式。教师可以要求学生弄清公式的意思并且讨论公式成立的条件，也可以让学生创造属于自己的公式。

音乐 = 数学 + 科学

文学 = 语言 + 社会科学

健康 = 科学 + 体育

当学生尝试解释这些公式时，科目之间的联系会变得更加的明晰。也可以将这些公式做成海报，悬挂在教室的墙上，或者更好的方式是把它们放在走廊，让所有人都可以看见。

"我有话说"（Everyone Can Explain）这种合作学习策略在这种情况下也同样非常有用。在这种学习方法中，学生以 2 ~ 4 人小组形式学习一个问题或一个任务。他们的目标是解答一个问题或共同完成一个任务。这种方法，顾名思义，要求小组的每一个成员都可以解释所在小组给出的解决方案和问题的答案。教师将随机抽取一名学生，和全班分享他们小组共同讨论出的答案和理由。

☞ 这一策略同第六章"尊重多样"相关联，因为小组合作可以帮助学生发现课程间的联系。

场景2：信息整合

我们生活在信息时代，每天被爆炸似的信息所淹没。随着信息的不断增多，将课堂的内容与现实世界相联系变得愈加容易（Voogt & Knezek，2008）。让学生了解这些联系可以更好地帮助他们理解知识和了解学习这些知识的原因，从而增强学习和使用知识的动力。

策略2——鼓励学生将课堂知识与现实世界相联系

教师要求学生将课堂知识与现实世界相联系，两者之间的联系可以从电视节目、视频网站、公告栏、麦片盒和其他事物中找到。教师可以这样提问：你在哪里看到过……？你有没有在电视上看到过……？这有没有让你想到家里的……？这有没有让你想到之前学过的内容？

☞ 这一策略同第一章"师生合作"相关联，因为当学生开始建立起知识的连接时，教师可以借鉴学习。

场景3：聚焦重点

很多学生，甚至包括很多大学生在内，对于未来职业发展没有清晰的规划。这种对未来清晰认识的缺乏可以归因于知识学习相对孤立，不知道在现实世界中一切事物都是互相联系的。

当然学生对于自己未来的不确定，有的时候不一定是件坏事。在这种情况下，他们可以在这个瞬息万变的世界里尝试多样的可能性。一旦学生看到学习对自己生活的影响后，学习就会更加有意义。

下面这个关于第二语言学习的故事,将会证明学习如何有助于成功。

成为双语者是很棒的体验

有一只老鼠叫密涅瓦,有一天早上醒来,正要从老鼠洞爬出来的时候,听见了砰砰的重击声和喵喵的猫叫。"只有猫才会发出喵喵的叫声,猫又以老鼠为食,我最好还是别出去。"于是密涅瓦爬回了他的鼠洞,开始继续睡觉。

过了一阵,睡了 30 分钟左右,密涅瓦觉得非常饿,决定外出觅食,当要出洞口的时候,他听见了砰砰的重击声和汪汪的低吠声。"嗯,狗会发出汪汪声,但是狗不会吃老鼠,是时候出去了。"

当这只叫密涅瓦的老鼠走出鼠洞后,等待他的是莉迪亚,一只大猫。莉迪亚抓住了这只小老鼠,开始享受她的大餐,她一边舔着自己的嘴唇,一边说道:"不用怀疑,作为一个双语者绝对是很棒的体验。"

策略 3.1 —— 阐明课程与职业间的联系

学生利用所学的知识和技能开展关于职业的头脑风暴。他们可以去网站搜索有关职位,看看是否有自己未来想要从事的方向。更进一步,学生可以与他人交流,请教他们如何从课堂的知识和技能中获益。比如说,当学生遇到牙医或设计师时,他们可以询问对方如何在自己的工作中用到阅读、计算或科学。

策略 3.2 —— 寻找更多的联系

下面这个例子说明如何在你已经准备好的活动中增加一点点综合性。

比如说学生正在实验如何种豆子：他们把种子种在不同的容器里，使用不同的混合土壤、不同的温度和灯光。他们收集所有的数据，画出不同的图表，将植物的生长和这些对应的变量联系起来，然后写一份报告。

当这个活动结束后，学生回顾自己之前做的报告，用彩色的马克笔勾画（或者在文档中高亮标记）出他们在完成报告时使用的某些特定的技能或者知识。他们可以用黄色高亮标记使用数学的部分，绿色高亮标记阅读的内容，蓝色高亮标记画画或者其他艺术技能等等。他们在团队合作中也会使用交流的技能。当学生完成了这项给多种活动标记的工作后，他们可以获得一种能力，即发现事物与事物之间的联系的能力。

场景 4：解决问题的机会

世界上有很多的问题因为太过复杂而看似无解：经济、历史、文化身份、科学进步、政治和沟通障碍。如果我们的学生想要影响世界，全局观是非常必要的，而找出事物的联系应该从课堂开始。

策略 4 —— 模拟真实情境

应鼓励学生在学习知识的同时模拟它在现实生活中的运用。在这些模拟的过程中应该有一个评价组件，学生可以由此体会现实生活中问题的复杂程度。比如说，在电脑课上，学生为一个真实或构造出来的组织设计一个网站模板，帮助他们解决当前的问题。更高一级的是，学生可以创建这样的组织，设计一个网站用于公共宣传。或者，学生可以与当地一个商业公司或组织或学校的俱乐部联系，帮助他们设计一个网站或网页或者帮助他们维护 Instagram。

☛ 这一策略同第八章"多元评估"相关联,因为教师应该根据学生小组活动的表现来评估学生的学习情况,而不是传统的纸笔考试。

场景 5:服务他人

服务学习将服务他人与学习重要信息和技能相结合。通过服务他人,学生可以看到学习的实际价值,成为社会的中坚力量。

策略 5 —— 促进服务学习

服务学习的项目可大可小。小的项目可以包括研究为一些有价值的机构募集资金,在问题得到解决后写信给给予支持的机构或者人士表示感谢等。同样,为追求多样化,学生还可以选择作为这些机构服务的消费者观察这些机构是怎样提供服务的,从而从中获益。比如说,如果为慈善机构募集善款,班里不同小组的学生可以为不同的慈善机构募集。这种选择也很好地体现了生本学习的教学方法。

场景 6:教师协作

本书讨论了实施生本学习策略的小技巧。当然,课程的整合可以在很大的范围内实施,涉及很多的学科、很多的教师和课堂的参与。仅靠一个教师可以完成吗?当然不可能,但是当一群教师组建成一个团队的时候,就有可能了。教师倾向于和教同样学科的教师交流,这是可以理解的,但是如果想要课程整合进行得顺利,和其他不同学科的教师交流想法也同样重要。

策略6——寻找友善的同事

成为一名教师是一件很棒的事，这份职业吸引了很多友善、乐于助人的人。因为，找到一个可以合作完成的小规模的跨学科教学的项目不是一件困难的事情，无论是否同一个学科、同一个年级，我们都可以与之合作。事实上，在这个过程中我们可以结交很多的朋友。

场景7：教具

课外的事物为课程整合提供了很好的方式。同样地，互联网也提供了很多简易的新方法。当然，我们对于教具的使用要相当小心，也要格外留心我们给学生提供的网络。下面这个故事很好地说明了这个道理，它发生在我们的前同事乔治、威利和桑达拉以前在印度教书的时候。

太过真实的教具

在印度，一位小学教师对教学很有热情，他一直相信教具的使用可以帮助学生理解课堂上的术语。有一天，他在备课，内容是奶牛的身体部位，比如牛角和尾巴。按照他的逻辑，也许把一头奶牛带到课堂上是一个不错的选择。

果不其然，这位教师这么做了。如果不是一位地方教育局的督导突然造访巡视课堂，这堂课也许会进行得非常顺利。教室非常拥挤，督导唯一可立足的地方就是奶牛的正前方。非常不凑巧的是，教师选择了一头角很长的牛。

接下来问题来了。当奶牛感受到了自然的召唤后，刚刚走入教室的穿着一身干净白制服的可怜督导被溅了一身形状各异的棕色污点。

督导自然非常生气,决定给这名教师以降级的处分。当教师解释他只是遵循了自己的大学教师的指导后,这位督导决定给予他警告处分,但要这名小学教师保证忘记在大学里所学的愚蠢的教学指导。

策略 7 —— 使用教具

在课堂上,如果想要阐述一个重要的知识点,可以使用什么样的教具?这个教具可以是真实的也可以是虚拟的。当然,也可以鼓励学生带这样的教具到课堂上来帮助他们理解课堂内容。

☞ 这一策略同第四章"聚焦意义"相关联,因为教具可以帮助学生牢固地掌握知识。

场景 8:广泛阅读

小说的阅读有时候会跟语言艺术、文学课相联系。在大多数的课程里,学生只阅读教科书或指定的读物(文本的长度通常取决于学生的阅读水平)。但是,每一个领域都可能有小说、自传、传记等题材,很多的书籍都不在教科书的范围内。让学生阅读多一些种类的阅读材料可以使他们的学习模式更加多元,也可以激发他们对特定领域学习的兴趣。同样地,当学生可以接触到不同题材的文本后,他们对于学习会更加投入(Gambrell, 2011)。比如,可以让他们看电影《美丽心灵》(*A Beautiful Mind*),同名传记由西尔维娅·娜萨(Sylvia Nasar)撰写,讲述的是关于古怪数学天才约翰·福布斯·纳什(John Forbes Nash)的真实而又戏剧性的故事,对于年龄更小一些的学生,可以让他们阅读约翰和莱恩(John Scieszka and Lane Smith)

编写的有趣的绘本《数学魔咒》(Math Curse)。

策略 8 —— 鼓励课外阅读

学生可以把课外读物列入自己的书单中。除此之外，按照第一章"师生合作"策略，学生需要了解，教师除了教材和专业书籍，也会进行大量的课外阅读。

场景 9：道德标准

似乎每隔一个月甚至一天，就会有层出不穷的道德丑闻爆出。不仅仅政治人物会被卷入，不同领域的人物，比如物理学家、药剂师都会跨过道德底线。这些负面报道有时候可以成为课程整合的素材，教师可将它们融入关于道德和价值观的课程讲解中。

策略 9 —— 讨论道德标准

教师可以从当前或过去的新闻热点、自身经验或假设的例子出发，鼓励学生去设想在不同的环境下如何做出正确的选择。人生充满了两难的道德困境。

☞ 这一策略同第七章"思维技能"相关联，因为学生在钻研难题时需要深入思考。

思 考 题

1. 你见过其他人,比如你的教师或同事使用过本章提到的生本学习策略吗？如有,请谈谈你的感受。

2. 你使用过本章提及的策略吗？如有,效果如何？

3. 你想要使用本章介绍的但你没有使用过的策略吗？如果实施了,你认为你的学生将会有怎样的反应？你将对这些策略做出怎样的调整？

4. 有同事愿意与你讨论这一章吗？

5. 你还能通过哪些方式来倡导"课程整合"这一理念？

参考文献

[1] Gambrell, L. B.(2011). Seven rules of engagement: What's most important to know about motivation to read. *The Reading Teacher*, 5(3), 172–178.

[2] Morris, R. C.(2003). A guide to curricular integration. *Kappa Delta Pi Record*, 39:164–167 (Summer Issue).

[3] Voogt, J., & Knezek, G.(Eds.).(2008). *International handbook of information technology in primary and secondary education.* New York, NY: Springer.

第五章
课程整合

请写下你对本章生本学习要素——"课程整合"的想法和建议:

第六章

尊重多样
Diversity

[摘要] 任何班级的学生都会以某种方式形成多样化小组，这种多样性可能源于种族、国别、宗教、性别、家庭背景、性格、爱好、成就、智力或学术能力倾向。意识到多样性，并鼓励学生接受多样性，教师需要使所有学生参与进来，活跃学习氛围并丰富学生的学习经历（《教学多样性：从这里开始》，Gonzalez-Mena & Pulido-Tobiassen）。当然，差异不仅存在于生生之间，也存在于师生之间。

[关键词] 多样性团队建设；多元智能；身体/运动智能；混龄教学

场景1：混合分组

当我们让学生进行小组合作时，会有很多不同的目标（见第二章"生生互动"部分）。其中一个目标就是形成多样化小组，使学生知道自己和同学之间存在差异。如果我们让学生自行分组，那么常常会"物以类聚"，分组结果无法反映班级学生的多样性。这就是为什么很多教师和研究者建议教师和学生用不同的标准来达到多样化分组，例如母语学习者男女混合分组。

策略 1 —— 考虑学生差异

教师得观察他们的班级，了解他们的学生，并且思考学生的差异所在。教师得想想这些多样性如何才能帮助学生学习课程内容，学会跟自己不同的人合作并欣赏他们。

👉 这一策略同第五章"课程整合"相关联，因为多样性是真实世界的组成部分。

场景 2：团队建设

异质分组会产生的一个问题是学生可能会觉得和自己不熟悉的组员在一起不舒服，结果可能就是不想跟他们交流。团队建设（team building）是增加学生和新组员之间熟悉度和舒适感的一种方式。团队建设活动的作用在于使学生拥有共同的目标，让他们彼此分享个人信息（Jacobs & Kimura, 2013）。

策略 2 —— 团队建设步骤

有很多团队建设的技巧，这里我们介绍一种叫"一个关于我的你想不到的事实"的技巧，步骤如下：

1. 每个同学独立思考关于自己的一件事，这件事是他们的组员可能不知道的。例如，一位有趣的家庭成员、一个爱好、一次最爱的度假、一项运动、一部最爱的电影、一种最爱的食物或对未来的一个希望。

2. 组员们从左到右轮流告诉他们的组员关于自己的令人想不到的事实。

3. 每次在一个同学说了以后，他右边的那个同学可以问一个问题，其他的组员也可以提问或评论。在活动的准备阶段，学生可以讨论什么是合适的、礼貌的问题。

4. 在活动开始前，教师可以通过讲关于自己的一个令人意想不到的事实并鼓励学生提问来做示范。教师和学生可以头脑风暴他们能用到的初始问题，例如，"为什么？""……的效果是什么？""你有没有再做过那件事？"

场景3：多元智能

多元智能（Multiple Intelligences）理论建议我们：

1. 不要问"学生是聪明的吗？"诸如此类的问题，而应该问"每个学生的聪明之处体现在哪里？"

2. 使用不同的教学方式以便吸引所有的学生，尤其是那些挣扎于强调通过字词和逻辑来学习的传统教学法的学生。

幸亏教师已经通过多元智能发展出各种各样促进学习的工具（Gardner, 2011），网络也为我们的教学工具箱增添了新元素。通过多种方式学习不仅帮助了那些不喜欢标准学习环境的学生，同时，通过多种方式学习相似的理念拓展了每个学生学习的深度和广度。画概念图就是一种促进学习的工具。

策略 3 —— 画概念图

一些学生,包括那些通过传统方式学得不好的学生,可能会从概念图示法中获益。学生可以手画或利用电子设备画,在小组中以不同的方式完成概念图。例如,(1)一个学生负责画节点和链接,一个组员添加文字,如标签或标注。(2)小组共同计划完成,每个组员负责概念图的一部分。(3)每个学生分别用不同的颜色来共同完成小组概念图。(4)每个学生分别画概念图,其他组员提出改进意见。

场景 4:教学方式多样性不是仅供娱乐

当学生通过非传统的方式学习,例如画概念图,我们需要问问自己:这项活动仅仅是为了调节教学步骤还是真正实现了重要的课程目标?如果学生真的达到了主要目标,例如,学生通过画植物的各个结构并列出其功能认识了一种植物,我们可以将这些生本的学习方式变成课堂教学常规的一部分。因为我们可以向学生、管理者和其他相关人员证明这些教学方式的作用。

策略 4 —— 教学过程中严格要求

不管学生是用传统的还是非传统的方式学习,教师都要帮助学生在多样化的学习方式中识别主要学习目标。在这一过程中,应让学生开始认识到自己和同学们是否已经达到目标、在何种程度上达到目标。例如,画植物结构并列出其功能真的能帮助学生实现他们的学习目标吗,还是纯属娱乐?

> 👆 这一策略同第三章"学生自主"相关联,因为当学生能够认识到自己已经实现了学习目标,就能更好地设立目标并加以实现。

场景 5:身体 / 运动智能

当学生将思想用身体语言表达出来,他们就运用了身体 / 运动智能（Bodily / Kinesthetic Intelligence）,这是一种强大的工具,可以帮学生理解概念、赋予个性特色并互相分享（Kambouri & Michaelides, 2014）。教师可能会惊讶地发现,那些平时很安静的学生在角色扮演的时候变得活跃起来了。例如,高中以来,乔治记忆最深的其中一个时刻是他在英语课上表演《麦克白》中的一幕。当看到这个平时害羞的男孩表演得如此活泼,不仅教师和其他同学震惊了,连他自己都不敢相信。

策略 5 —— 增加表演环节

演短剧和角色扮演等能使学生参与的教学活动更具多样化。摄像机、视频编辑软件和动画程序等电子设备为新的学习方法保驾护航。每个人都需要再想想如何使学生的表演生动地演绎课程重点。

场景 6:混龄教学的优势

大部分课堂里,学生可能存在多方面的差异,但是在年龄上基本差别不大。例如,就算是在大学里,大一新生也基本上是由二十岁左右的学生组成的。相比之下,在生活区,比如家庭中和社区里,人们通常会遇到混龄的情况，我们可以部分复制混龄教学法。混龄教学能让学生看到不同的方面，扮演不同的角色。例如，在高中生辅导小学生的时候，高中生就充当了教师的角色。一些学校已经成功地开展了混龄同伴辅导项目，如伙伴阅读活动。我们想看到更多的学校这么做。

策略 6 —— 开展混龄同伴教学

首先，教师需要寻找教师伙伴、之前的大学同学或自己学校的同事等，他们学生的年龄和我们学生的年龄不同。然后我们就可以开展混龄同伴辅导项目了。我们需要培训辅导者，如教他们一些教学技巧。同样地，年纪较小的学生需要知道会从大哥哥、大姐姐那里学到什么、如何联系他们。

场景 7：解决学生由课堂表现不同导致的地位差异问题

学生之间由于课堂表现不同而导致的地位差异问题一直是教育社会学家讨论的话题。此处课堂表现指的是学生在课堂测评中的表现，包括正式的测评，如测验，和非正式的测评，如课上随机提问。久而久之，一些学生被认为是"尖子生"，而另一些学生则被同伴甚至是教师贴上"差生"的标签。然而，如果我们坚信所有的学生都是聪明的，只是他们的"聪明"体现在不同方面，我们就需要重新看待学生，并且帮助他们重新看待彼此，重新认识自己。这个问题可以通过布置需要多种智能共同完成的任务来解决。

策略 7 —— 发掘并赞扬每个学生的优点

布置需要多种智能共同完成的任务，这些任务的某些方面可能正好合所有学生的胃口，他们能很好地完成任务。有时候，所谓的"差生"会比"尖子生"做得要好。对于这种情况，教师可能会有两种反应：（1）重新看待这些"差生"。（2）向全班大声宣告这些学生做得好的地方，让他们的伙伴们能注意到。这有点像《红鼻子驯鹿鲁道夫》歌里的故事：在圣诞老人表扬了鲁道夫后，其他的驯鹿师接受了他。

场景8：教师注意力分配不均

　　一些研究显示，出人意料地，教师包括女教师更关注男生而不是女生，甚至在那些坚信男女平等的教师身上也会发生这种情况。教师这么做可能是无意识的。为什么男生和女生在教师那里得到的注意力是不均等的呢？其中一种假设是，男生需要被关注，他们似乎在不停地呼喊："老师，请关注我，否则我就会在课上捣乱！"还有一些研究表明教师会更关注那些经常与自己有眼神交流的学生和经常举手的学生。

策略8——自我检测注意力的分配

　　教师在上课和写反馈的时候都会分配注意力。那么，我们的注意力是平均分配的吗？如果不是，谁获得了更多的注意力，这公平吗？性别或许不是影响我们教师注意力分配的显著因素，还存在其他因素。

场景9：加深印象

　　直觉和印象经常是正确的，但有时候需要用数据来强化它们。例如，同事和同学可以用观察记录来量化我们行为的很多方面——从使用"是吗？"来结束句子这样的小细节到如何回应错误的答案等较大的方面。

策略 9 —— 录下自己的课堂

录下自己的课堂能帮我们审视一些问题，比如，我们是否给坐在前排或后排的学生太多回答问题的机会？是否将具有挑战性的问题只抛给"尖子生"？是否只表扬特定的学生？

> 这一策略同第一章"师生合作"相关联，因为当学生看到教师在努力变得更好时，会激励他们也努力让自己变得更好。

思 考 题

1. 你见过其他人，比如你的教师或同事使用过本章提到的生本学习策略吗？如有，请谈谈你的感受。

2. 你使用过本章提及的策略吗？如有，效果如何？

3. 你想要使用本章介绍的但你没有使用过的策略吗？如果实施了，你认为你的学生将会有怎样的反应？你将对这些策略做出怎样的调整？

4. 有同事愿意与你讨论这一章吗？

5. 你还能通过哪些方式来倡导"尊重多样"这一理念？

参考文献

[1] Gardner, H.(2011). *Frames of mind: The theory of multiple intelligences* (2nd ed.). New York: Basic Books.

[2] Gonzalez-Mena, J., & Pulido-Tobiassen, D.(n.d.). Teaching diversity: A place to begin. Retrieved from http://www.scholastic.com/teachers/article/teaching-diversity-place-begin-0.

[3] Jacobs, G. M., & Kimura, H.(2013). *Cooperative learning.* Alexandria, VA: TESOL.

[4] Kambouri, M., & Michaelides, A.(2014). Using drama techniques for the teaching of early years science: A case study. *Journal of Emergent Science*, 7, 7–14.

请写下你对本章生本学习要素——"尊重多样"的想法和建议：

第七章

思维技能
Thinking Skills

[摘要] 学生在学习的时候，会超出所给定的信息，通过应用、分析、创造、评估、分类、观察和反思等将整个课程有意义地联系起来。这些思维过程帮助学生构建自己的学习，培养附加学习的能力（《教学思维能力：理论与实践》，French & Rhoder）。思维技能就像其他技能一样，在各个学科中都需要被明确地教授并练习，以便学生能在他们的学习中加以运用。

[关键词] 思维技能；学生提问；图形组织者；超出所给定的信息范围；K-W-L-S 评估和构建知识法；意见分歧

思维技能是向生本学习转变过程中的一个必要因素，因为这个转变包括一项权力的转变，即学生对于其学习内容和学习方式拥有更加明确的掌控权。根据认知心理学家所说，学习应当以学生为中心，并且让学生掌握学习主动权。建构主义提出了以下主要概念：每个人运用思维技能来构建自己的学习。没有人能将知识灌输到学生大脑里，无论那个人是教师、家人、教材编写者还是教育人员，无论他是多么的经验丰富、目的单纯和资金充足。不管参与与否，学生都应该能够自主决定学习内容和已学知识的用途。

场景1：通过提问鼓励思考

布卢姆（Bloom）的"认知目标分类理论"（Taxonomy of Cognitive Objectives）为促进思考提供了最著名的工具之一。布卢姆将认知领域的目标分为识记、理解、运用、分析、综合和评价六个层次。50多年来，教师将这个理论用于促进学生思考上，他们认为每个层次（甚至是识记）都可以引发学生的思考。提问可作为布卢姆分类理论每个层次的第一步，"为什么"这个由三个字构成的简单单词为引发学生思考提供了最灵活的方式。

以下来自明尼苏达大学的约翰逊（David W. Johnson）讲的故事阐释了提问的重要性：

> 精神病院的一位心理医生对三个病人进行了一年的治疗后，觉得进步很大，所以她决定让他们三个人出院回家。
>
> 然而，她想再测试一下来确认他们是否真的可以出院了。她把三人叫到办公室，抛出一个问题："请告诉我3乘3等于几。"第一个病人回答："我当然知道，3乘3等于星期四。"这位心理医生简直难以置信，她在这个病人身上花了那么多功夫，现在竟会是这样的结果！她想不通到底哪里出了问题。
>
> 不死心地，她转向第二个病人："你知道3乘3等于几的，是吧？""当然，"这个病人回答，"3乘3等于芒果。"心理医生挫败地摊了摊手。她已经做好撕掉文凭，辞掉舒适且高薪的工作，去摆摊卖芒果和芒果汁的准备了。
>
> 绝望地，她转向第三个病人，带着恳求的语气："求你了！你知道

的,你肯定知道的,3乘3等于几。"第三个病人不假思索地回答:"3乘3等于9。"心理医生如释重负地大声叹了一口气。至少她没有彻底失败,有一个病人能够出院了。

然后,这个心理医生想到了一个主意。她让第三个病人向另外两个病人解释为什么3乘3等于9,如果他们能理解,就能出院,那么她还是成功了。然而,当她让第三个病人解释他的答案时,他说:"3乘3等于9因为星期四乘芒果等于9。"

策略1 —— 不断向学生提问并鼓励学生自我提问

教师偶尔会提问。在布卢姆的分类理论中,认知层次是非常重要的,它包含了对已知信息的回忆和识别,并为更高层次的思考打下基础。孩子们总是不停地问"为什么",这让大人们很抓狂。但是潜意识中大人们知道回答这些"为什么",除找出答案之外,还会产生很多语言,让他们能够锻炼自己的语言技能。

"为什么"还能和其他词组合在一起,构成更多提高思维能力的问题,例如,"为什么曾经如此?""为什么可能如此?""为什么现在如此?"要注意:学生对于将思维能力作为必修课的一部分是不熟悉的。他们可能还会指责教师,认为让他们在课外运用思维能力加重了其大脑的负担。

场景2:学生间互相提问

这节我们继续讨论提问。在大部分课堂里,学生回答的问题仅仅来自我们和课程材料,但实际上,学生自己也能提出问题。通过提问而不仅仅是回答问题,学生可以在自己的学习中发挥更大的作用,获得对当下正在学习的话题更深刻的理解。

策略 2 —— 学生间交换问题

"学生间交换问题"（Exchange-A-Question）这一合作学习技巧为学生自我提问和互相提问提供了平台。步骤如下：

◇ 学生独立写下至少一个问题。

◇ 他们在另一张纸上写出问题的答案。

◇ 学生间交换问题，但是不包括答案。

◇ 在学生回答出他们伙伴的问题后，再跟伙伴之前写下的答案进行比较。

还有一个有趣的选择方案是让学生交换答案，然后他们的小组成员猜问题，就像美国的电视游戏节目《危险边缘》（Jeopardy）那样。

教师可以给学生可能会提的问题类型做个示范。例如，知道如何出试题的学生在考试中遇到同类型的题目时，回答起来会更得心应手。

注意：曾经有一次，在乔治教了一群教师"交换问题"这个技巧后，有一个教师提出反对意见，他认为学生交换已经知道答案的问题并无多大意义。反之，学生应该被提问他们不知道答案的问题。

就像上面解释的，乔治仍然肯定"交换问题"这一技巧的价值，但他也欢迎教师来质疑，认为教师的质疑不无道理。比如，未知答案的问题可以让学生激动地去探索。或许通过同伴协作，他们可以找出问题的答案或部分答案。

第七章
思维技能

场景 3：允许犯错

害怕回答错误，更糟糕的是，回答错误被嘲笑（或感觉自己的回答是错误的）是学生不愿意去尝试考验思维技能的活动的主要原因。因此，生本学习的构成因素——学习氛围（将在第九章讨论）在促进思考中发挥着重要作用。为了营造鼓励尝试、允许犯错的学习氛围，当我们教师自己犯错或遇到未知的时候，也应该勇敢地承认。

策略 3 —— 承认自己不是无所不知

不管是回答学生的问题还是自己提出的问题，教师可以讨论自己不知道又想知道的内容。我们不用将找答案的责任揽在自己身上，反之，可以说说我们找答案的过程，并且邀请学生自主寻找答案或和我们一起找出答案。

场景 4：图形组织者

图形组织者（Graphic Organizers）提供了一种将思维技能融入教学的方法。图形组织者包含思维导图、表格、折线图、饼图、金字塔（如食物金字塔）、泡泡图和维恩图等。例如，教师可以让学生画一张维恩图来对比爬行动物和哺乳动物。学生需要仔细思考如何将想法和信息从文字形式（如一段话）转变成图形组织者（如思维导图）。值得庆幸的是，软件让图形组织者的制作和分享变得容易起来了。

策略 4 —— 教学生使用图形组织者

教学生使用至少一种图形组织者，然后让他们在作业中运用其中一种。他们可以选择自己知道的任意一种，也可以上网去学其他的图形组织者。

场景 5：评估和构建知识的方法

K-W-L-S 技巧鼓励教师和学生讨论他们已知的内容和未知的内容（Ogle, 1992）。以下是 K-W-L-S 一个关于合作学习的版本：

K（What I *Know* on a topic） 已知的内容 —— 学生独立完成，列出自己关于一个话题已知的内容，然后和伙伴分享列表，包括解释自己是如何获得这些知识的。接下来，开始全班讨论，教师说说自己在这个话题上已有的知识及其来源。

W（What I *Want* to know on the topic） 想知道的内容 —— 学生再次独立完成，这次是列出自己关于这个话题想知道的内容，然后和伙伴分享列表，包括说明自己为什么对该话题的特定领域感兴趣。接下来，再全班讨论，教师提出自己的问题并解释为什么会产生这样的疑惑。

L（What I *Learned*） 学到的内容 —— 在全班阅读、收听或观看这个话题的内容后，学生先独立记录自己学到的内容，然后开始二人讨论和全班讨论。

S（What I *Still* want to know） 想继续学习的内容 —— 学生和教师一起列出该话题遗留的问题和产生的新问题，并讨论如何研究那些问题。

这里不仅有很多我们未知的内容，还有很多原先我们认为是正确的后来却被证明是错误的，或至少是部分错误的内容。我们可以从自然和社会科学已建立的正统说法中看到这样的变化。天文学为这一现象提供了旧例和新例。第一个例子是关于那个著名的问题——"太阳绕着地球转还是地球绕着太阳转"，伽利略（Galileo）因为在这个问题上所持的立场而受到了迫害。最近的例子是，天文学家认为太阳系中只有八大行星，将冥王星从九大行星中除名，降为"矮行星"。

策略 5 —— 鼓励学生质疑教科书

教师总是找机会强调知识的相对性。或许我们会对比自己学生时代的教学内容和现今的教学内容，也可能会寻找新的研究来质疑已有的知识。我们鼓励学生不仅要接受知识，还要质疑并反驳教师和教学资料教他们的知识。常言道："历史是由胜利者书写的。"这句话不仅仅适用于历史。学生可以对诸如"如果汽车输给了马，那么世界将会有何不同？"这样的问题做一个生动且有意义的探索。

一个类似的策略叫作 QtA（Questioning the Author）——"质疑作者"（Beck, 1997）。学生合作来揭示或阐明作者的意思，或者质疑作者的观点和选择。质疑的问题包括：作者在说什么？作者真正想表达什么？作者有没有提供证据来支持其观点？作者引用的资源可靠吗？

场景 6：超出所给定的信息范围

教育心理学家布鲁纳（Bruner）提出一个简洁的、有用的短语来解释思维——"超出所给定的信息"（1973）。学生有很多种方法来超越教师和教学资料所给定的信息。"详细阐述（elaboration）"这个词就包含了多种方法。当学生在详细阐述时，会强迫自己理解得更深刻。为了进行详细阐述，他们会进行比较和对比、定义术语、举例子、给理由并提供细节。

策略 6 —— 举例子

例子能让叙述变得生动有趣。学生的例子可以来自很多方面，包括他们自己的想象。例子可以以除文字叙述以外的其他形式出现，比如画画、短剧、角色扮演、形象化表现和诗歌来呈现。

场景 7：意见分歧的好处

在学校中，我们总是担心发生冲突，努力避免冲突，因为冲突会升级、会恶化。避免危险的和无礼的冲突是很重要的，但有时候避免意见分歧会造成遗憾，因为分歧是伟大的思想启发者。上网看看名人名言，你会发现很多关于分歧的好处的名言。其中我们最认同的是 DNA 的共同发现者之一弗朗西斯·克里克（Francis Crick）所宣称的和另一个 DNA 发现者詹姆斯·沃森（James Watson）之间的关系，"我们的优势是彼此之间未明说的高效的合作方法……如果我们中的一个人提出新想法，另一个人会认真对待，并会以公正的、非敌意的方式尝试去推翻它。"因此，如果克里克或沃森的想法能通过他伙伴的检验，那么这可能是个可靠的想法。

策略 7 —— 教学生质疑的技巧

我们鼓励学生像克里克和沃森对待彼此的方式来对待同学和教师。

回顾克里克所说,第一步,我们需要做到"非敌意的方式"。以下几个表达可以帮学生在质疑的时候做到委婉些:
- "感谢你的意见,但我不完全认同。"
- "我有不同的意见。"
- "如果我们换个角度看会怎么样呢?"
- "我想分析一下你刚才说的话,如果我的理解是正确的,请告诉我一下。在我分析完你的话以后,或许你可以分析我的话。"

教师可以为学生示范这些质疑时用来表示礼貌的开场白,切记做示范的时候要态度友好。

场景8:培养学生的思维能力

思维能力在引导学生学习中发挥着重要作用。例如,学生需要在自己和他人生活中的一些重要问题上形成观点,而这些观点需要由原因和逻辑思维来支持。例如,我们,甚至是专家们都会有不合逻辑的思维。诺贝尔奖得主卡内曼(Kahneman, 2013)在《思考,快与慢》一书中描写了一些典型的由于偏见导致我们不合逻辑思维的例子。

我们可能会强烈地感觉到学生在某一问题上的观点是错误的,推理存在漏洞。我们可能会看到学生频繁地改变观点。不必担心,我们教师需要记住,思维能力的发展是终身的过程,让这个过程开始吧!

策略8——询问学生的观点

教师总是找机会询问学生的观点,从上课内容,到上课过程,再到学校食堂里的食物。学生陈述完自己的观点后,会解释观点背后的原因。学生可能乐意被提问,也可能会受到惊吓。乔治一位朋友的妻子曾经所在的学校具有浓厚的以教师为中心的文化。当她来美国上大学后,有一次教师询问她的观点,那是她第一次被教师如此提问。她很担心自己会挂科,因为她不知道教师期望自己给出什么样的观点。

场景 9:给学生更多思考时间

思考比回答复述性问题需要更多的时间。在这种情况下,一些教学研究的书中讨论了"等待时间"(wait time)这一概念(Tobin, 1987)。顾名思义,等待时间就是教师在对学生提问或给学生布置任务后等待学生回应的时间。一些研究表明,教师若能提供更多的等待时间,学生会更有可能提供详尽的回答。同时,研究表明,通过给予等待时间,教师像是在对学生说:"我相信你,你可以做到的。"除提供等待时间外,我们还给了这样的暗示。希望在小组活动的时候,当同伴在努力想答案时,其他组员能像教师一样,给同伴等待的时间和暗示。

策略 9 —— 提供时间和线索

实施生本学习策略的教师会给学生更多思考题,但我们是否有给学生时间去组织详尽的答案呢?教师提供等待时间的一种方式是,在我们叫一名学生起来和全班同学分享答案之前,要给他们留出书写或小组讨论的时间。同样地,当学生不得其解时,教师给他们提供暗示或建议他们和组员讨论。原则是,只要任务是学生可以自主完成的,教师最好提供尽可能少的帮助。

第七章
思维技能

场景 10：从失败中受益

一般来说，我们想要"与成功结伴"，即帮助学生获得成功。然而，或许学生也能从失败中受益，失败可以提升"逆商"（Adversity Quotient）（Stoltz, 1997）。逆商是指人们面对困难和失败的反应方式。俗话说得好："如果生活给你一个柠檬，就把它做成柠檬水。"另外一个值得和学生分享的有用的概念是"跌倒了爬起来"（fail forward）——让失败成为将来成功的垫脚石。

因此，当学生在独立完成任务或小组合作中遇到困难时，我们不该急着去干涉。如果觉得这个任务是在学生的"学习区"（stretch zone）内，即如果是学生努力一会儿并运用高效的策略（包括生生互动）来延伸自己目前的学习水平就能完成的任务，我们应该延迟干涉。反之，我们可以观察学生克服逆境的过程。如果我们最后确实帮助学生处理了困难，也得先看看学生自己是如何应对逆境的。

策略 10 —— 观察学生的逆商

犯错是很好的学习机会。我们给学生空间去纠正所谓的"失败"，并鼓励他们反思自己是如何应对逆境的。

> ### 思 考 题
>
> 1. 你见过其他人，比如你的教师或同事使用过本章提到的生本学习策略吗？如有，请谈谈你的感受。
>
> 2. 你使用过本章提及的策略吗？如有，效果如何？
>
> 3. 你想要使用本章介绍的但你没有使用过的策略吗？如果实施了，你认为你的学生将会有怎样的反应？你将对这些策略做出怎样的调整？
>
> 4. 有同事愿意与你讨论这一章吗？
>
> 5. 你还能通过哪些方式来倡导"思维技能"这一理念？

参考文献

[1] Beck, I. L.(1997). *Questioning the author: An approach for enhancing student engagement with text.* Newark, DE: International Reading Association.

[2] Bruner, J. S.(1973). *Going beyond the information given.* New York, NY: WW Norton.

[3] French, J. N., & Rhoder, C.(2011). *Teaching thinking skills: Theory and practice.* New York, NY: Routledge.

[4] Kahneman, D.(2013). *Thinking, fast and slow.* New York, NY: Farrar, Straus and Giroux.

[5] Ogle, D.(1992). *KWL in action: Secondary teachers find applications that work.* In E. K. Dishner, T. W. Bean, J. E. Readance, & D. Moore (Eds.), *Reading in the content areas* (pp.270–281). Dubuque, IA: Kendall-Hunt.

[6] Stoltz, P.G.(1997). *Adversity quotient: Turning obstacles into opportunities.* New York, NY: Wiley.

[7] Tobin, K.(1987). The role of wait time in higher cognitive level learning. *Review of Educational Research,* 57 (1), 169–195.

请写下你对本章生本学习要素——"思维技能"的想法和建议：

第八章

多元评估
Alternative Assessment

[摘要] 如果教师和学生想要更好地监控学习,应该采取经常和现实的评估方式,并且让学生参与到评估中来。评估方式应当能让学生展示学习过程,而不仅仅是学习结果。多元评估(alternative assessment)有一些同义词和近义词,如真实性评估、综合评估、整体评估和学习性评估(Butler & McMunn, 2006)。

[关键词] 多元评估;形成性评估;"三明治"式批评法;有声思维法;小组测试

场景1:形成性评估

形成性评估往往和多元评估伴随出现,与它不同的是终结性评估(summative assessment)。终结性评估通常用于课程结束时或期末,而形成性评估用于学生的学习过程中,通过让学生了解课程进度来帮助他们制订学习计划。

形成性评估和终结性评估的区别不在于其形式和内容，而在于评估结果的作用。形成性评估的重点在于学生和教师会用他们在评估里学到的内容来促进学习和教学。

举个形成性评估作为生本学习课程一部分的例子。我们教师常常陷入"填鸭式"教学的陷阱。例如，如果一节课只剩5分钟，但是还有8分钟的内容要讲，我们教师很可能会加快语速，略过学生提问和讨论的环节。

然而，在生本学习策略中，我们不会去赶进度，而是在下课前几分钟进行形成性评估，通过一个快速的小活动帮助学生和我们自己检测已学内容，同时帮助学生个体或学生小组巩固所学知识，找出仍然不懂的问题并发现留待探索的新领域。

策略1——形成性评估模式

3-2-1（来自教师"工具箱"）为形成性评估的实施提供了一种灵活的方式。以下是一个3-2-1版本：

  3：学生写下三点他们在课堂上或者在课前准备过程中学到的内容。

  2：学生写下两个问题。一个是他们自己的问题，还有一个是组员的问题（问题可以是自己不懂的知识，也可以是自己想深入探究的知识）。

  1：学生写下他们今天所学内容的一项用处。

教师和学生可以构建他们自己的3-2-1版本（或仅仅2-1甚至是1），尝试一下！

场景2：学习导向与绩效导向

除了形成性和终结性评估的差异外，评估方式的区别还在于是以学习为导向还是以绩效为导向。学习导向更看重学生的进步，而绩效导向仅仅关注学生是否得到正确的答案。当采用学习导向的评估方式时，尽管学生还有很大的提升空间，教师和学生会更看重学生已取得的进步和已做对的部分。

策略2——巧用"三明治"式批评法

学生在完成任务时，教师可以尝试学习导向的评估方式。首先，全班要清楚任务成功的标准。接着，教师用"三明治"式批评法来评判学生，先肯定学生做得好的方面，再告知他们可改进的地方，最后勉励其去争取下一次的成功。随后，学生可以互相用"三明治"式批评法评判同伴。

场景3：过程导向

学习导向同样看重学生的学习过程，即，学生是如何完成任务的。过程导向鼓励学生学习完成任务的策略。例如，当阅读教科书或参考文献时，偶尔停下来总结要点是非常有用的学习策略。

策略3——询问过程

比起只关注学生的作品，教师也可以去问问学生是如何完成一项任务的。对于学生的优秀表现或者是让自己表现优秀的努力，我们都会予以赞赏或提供建议。学生也可以结对这么做，以此来比较彼此不同的学习过程，互相学习。

场景4：元认知

了解学生学习过程的有效方法不是去看学生的作品，而是去关注被认知心理学家们称之为"元认知"的东西，其含义是认知自身的认知过程（Waters & Schneider, 2010）。有声思维法（think-aloud）可以促进元认知。顾名思义，有声思维法就是我们在准备、从事和结束一项任务的过程中将自己的思维过程说出来，这有点像即时反省。

我们可以将有声思维法比作通往思维之窗。当我们教师说出大脑里即时的想法时，学生就能了解我们的思维过程。学生不仅看到我们的行为，还知道我们在产生这项行为时的思考过程以及感受。同样地，当学生运用有声思维法时，同伴和教师能更好地学习并帮助他们。

威利认识的一位英语教师起初对于将有声思维法用于她的写作课产生怀疑。一番劝说后，她决定在一节记叙文写作课上尝试一下。她一边写作，一边说构思过程，包括如何开篇、选词、修改句子等。让她惊喜的是，学生纷纷说这节课令他们大开眼界，且这是教师第一次这么做。

策略4——有声思维法

当为学生示范一项任务时，要大声且毫无保留地说出我们在做什么、如何去做、有什么感受以及感受背后的原因。述说的时候，我们可使用恰当的术语，并且随时停下来解释学生可能不知道的术语。

场景 5：全纳教育

当越来越多的学校开始实施全纳教育后，为所有学生提供平等的成功机会变得越发具有挑战性。例如，特殊的学生需要有特殊的评估方式。这样的评估方式的调整能让有特殊需求的学生展现自己真正的水平，然而，如果这些学生和他们的同伴在同等条件下接受相同的评估方式，评估结果可能无法准确反映他们的真实水平。教师为有特殊需求的学生调整评估方式并不是给他们特权，而是让他们能够真正地展现自己。例如，为书写困难的学生提供画线器，给有生理缺陷的学生更多的时间。

策略 5 —— 针对有特殊需求的学生调整评估模式

有特殊需求的学生可能自身已经感觉到被边缘化，这会减弱他们的学习动力。教师主动为这些学生调整评估模式，关心他们的需求，会让他们觉得自己在这个课堂共同体里是被重视的，这种积极的感受是强大的动力激发剂。此外，教师为有特殊需求的学生调整评估模式体现了关爱课堂的真正内涵。

场景 6：小组作为脚手架工具

当学生在完成具有难度的任务时，脚手架可以提供帮助，异质小组合作正是一种脚手架的形式。脚手架模型的最终目标是移除脚手架工具，让每位学生能够独立完成任务。小组评估是一种提供脚手架工具的方式，同时也能帮助同伴和教师知道何时开始移除脚手架，多大程度上需要移除脚手架。

策略 6 —— 小组测试

小组测试在由 2～4 位学生构成的异质小组中进行。小组测试和个人测试的问题类型和内容均相同。通常情况下，在个人测试之前。小组测试中的思考、讨论和模拟可以帮助学生为个人测试做准备。当然，小组测试不是高风险测试（high stakes testing），但却可以帮助学生更好地准备这类测试。

场景 7：鼓励同伴反馈

形成性评估应当是频繁的，因为大多数学生都想知道自己的表现如何，而同伴反馈恰恰是一种快捷的反馈方式。相比之下，尤其是在大型课堂中，教师往往是唯一给出反馈的人，学生需要等待很久才能得到反馈。当终于得到反馈时，学生还要拼命去回忆自己当初在完成任务时的过程和想法。

策略 7 —— 给予及时反馈

当然，教师无法总是给每位学生及时的反馈，因为我们也有自己的生活！我们不应该放弃自己的校外生活，但也应尽可能地给予学生及时反馈。为了让及时反馈更频繁，更有可能性，我们可以这么做：

◇ 布置小任务，这样反馈起来会容易些。
◇ 给整体的印象上的反馈，不需要太具体。
◇ 只在课程重点内容上给反馈，不需要面面俱到。
◇ 训练学生使用同伴评价和自我评价的量表。

◇ 为学生提供答案或指导来帮助学生树立给予反馈的信心。

◇ 聚焦特定技能，例如进行精确计算或作比较。

场景8：测试透明化

传统上，为了保密，测试和其他的评估方式是由教师和其他教育专家准备的。保密工作不仅涉及不能透露具体的任务或问题，甚至是任务或问题的类型都要保密。相比之下，如果我们向学生公开评估过程，这会降低学生的焦虑感，增加他们的参与度和理解度。

策略8——邀请学生参与编制试题

全班学生一起讨论可能出现在评估试题里的任务和问题类型，学生也可以参与编制。教师甚至可以主动在评估里使用学生编的选项（但是没有必要告知学生哪些选项会被使用）。班级里也可以讨论任务和问题的可能的标准答案。

场景9：将评估任务与真实性任务相联系

多元评估的一大特点是评估里使用的任务或问题接近人们在现实生活中会遇到的问题。这样学生会更容易看到学习和生活的关联性，并且感觉到自己为课外生活做好了准备。

策略 9 —— 任务真实化

我们尽力让评估任务能反映真实世界，让学生看到评估任务和真实世界之间的对应关系。例如，数学课上的很多任务和人们在工作或个人生活中遇到的情境非常相似。

场景 10：告知学生评估要求

如本章前文所述，评估不应出人意料。学生不仅应当知道他们需要掌握哪些知识，还应当知道他们将会如何被评估。例如，评估时是看他们有没有很好地遵守指令（在一些技术领域很关键）还是看其创造力？此外，学生是否知道这些评估活动将被如何划分等级？

为了让学生在开始任务前明晰评分标准，很多教师提供了评估量规（Gough, 2006）来做出具体解释。一份好的评估量规不仅应描述教师希望看到的学生的最终作品，同时也应描述优秀的和不合格的作品是什么样子的。很多学科领域的评估量规以及其模板都能容易地在网上找到。即便是那些要求学生跳出条条框框的任务，也可以制定量规，学生可通过这些量规得到反馈从而受益。

策略 10 —— 提供参考答案

教师要让学生看到、参与到优秀作品范例的产生中来。这些作品范例不必完美（如果可以达到完美那最好），不完美的范例同样有用。关键是全班同学一起讨论并识别他人作品里哪些部分是可以吸收到自己作品中来的。

场景 11：学生自我评估

生本学习鼓励学生管理自己的学习。一种让学生更好地掌控自己学习的方式是让他们跟踪自己的进步。一些教师用包含学生一学期及以上的作品档案来鼓励这种进步跟踪。教师和学生通过看这些档案，反思档案里收集的作品体现的学生已取得的进步和将来可以努力的方向（Butler & McMunn，2006）。

策略 11 —— 让学生跟踪自己的进步

为了让学生能够跟踪自己的进步，在接近期中或期末时，学生可以选择一项本学期之前做的任务，然后将之前的作品及得到的反馈同最近的作品及得到的反馈进行对比。反馈可包括自我评价。

或者，学生也可以不对比之前的任务，而是对比同一项任务的不同作品版本，例如，同一份实验报告或图画的两稿。注意：想要跟踪自己进步的学生需要保存自己之前的作品。

在学期中，教师可以和学生一起制定一个简单的"可行的"清单作为检测标准，例如，看学生现在是否能在所有写作任务中用对主谓一致、能准确地展示历史事件的数据、能使用艺术技巧阐释科学概念等等。

思 考 题

1. 你见过其他人，比如你的教师或同事使用过本章提到的生本学习策略吗？如有，请谈谈你的感受。

2. 你使用过本章提及的策略吗？如有，效果如何？

3. 你想要使用本章介绍的但你没有使用过的策略吗？如果实施了，你认为你的学生将会有怎样的反应？你将对这些策略做出怎样的调整？

4. 有同事愿意与你讨论这一章吗？

5. 你还能通过哪些方式来倡导"多元评估"这一理念？

参考文献

[1] Butler, S., & McMunn, N. D.(2006). *A teacher's guide to classroom assessment: Understanding and using assessment to improve student learning.* San Francisco, CA: Jossey-Bass.

[2] Gough, J.(2006). Rubrics in assessment. *Vinculum*, 43 (1), 8–13.

[3] The Teacher Toolkit. (n.d.) 3-2-1. Retrieved from http://www.theteachertoolkit.com/index.php/tool/3-2-1.

[4] Waters, H. S., & Schneider, W.(Eds.).(2010). *Metacognition, strategy use and instruction.* New York, NY: The Guilford Press.

第八章
多元评估

请写下你对本章生本学习要素——"多元评估"的想法和建议:

第九章

学习氛围
Learning Climate

[摘要] 总的来说，学校及课堂是让学生和教师感到求知欲旺盛，感到安全和被支持，并拥有学习掌控权的地方。研究表明，积极的学习氛围能有效帮助学生集中注意力，使学生更愿意以最佳的状态参与到学习过程中（《积极心理学教学活动：教学指南》，Froh & Parks）。积极的学习氛围鼓励学生做学习的主人。因此，教师需要营造并持续地维护健康积极的学习氛围。

[关键词] 学习氛围；故事的力量；积极心理学；快乐；为大脑补充水分

场景1：分散的注意力

学生，甚至教师有时会由于一些外界的事件或忧虑的干扰，觉得很难在课堂上集中注意力。确实，我们生活在一种极度活跃的文化中。在这种文化里，人们渴望能够同时做多项任务。这样分散的注意力阻碍了学生和教师将认知和情感资源全部投入课堂学习目标中。

为了鼓舞每个人都在上课期间全身心地参与到课堂活动中，学生和教师应摆脱其他思绪的干扰，并找到一种全身心投入将要学习的内容或学习过程中的方法。学生还可以将这些集中注意力的方法运用到其他环境中，从而将他们在课堂中学到的内容变成自己终身受益的学习策略。

策略 1 —— 帮助学生集中注意力

很多教师会在课前让学生进行热身活动，这些活动并不一定是纯学术的。它们可以是轻松有趣的，为一天的课程参与奠定基调。例如，数学课前，教师可以让学生从 1 到 100 中任意读出一个数。接着，教师请每个同学闭上眼睛，从那个数字倒着数到 1。然后，同学们从那个数开始每隔 5 个数数到 1。最后，同学们从那个数开始每隔 3 个数或任意数字数到 1。通过这些活动，教师能够让学生的大脑达到准备就绪的状态，使学生能够暂时摆脱其他与课堂无关的思绪，头脑清醒地开始上课。

类似的方法还包括简短的冥想，无论是在教师的指导下还是学生自由进行。与冥想相似的方法还有想象。例如，让每个同学想象自己和其他同学参与到学习中的画面，或每个同学想象一个开心的瞬间或一个自己喜欢的地方。

场景 2：谚语及名人名言

谚语及名人名言是简短而精练的语言。正确选择谚语及名人名言能够帮助活跃课堂气氛，并向学生传达他们正在做的事情是有意义的这一信息。这些谚语及名言通常比冗长的语言能更好地传递思想。由于其言简意赅的特点，谚语及名人名言更容易记忆，也更常被写在海报上或被用在博客上等等。

第九章
学习氛围

策略2——利用谚语及名人名言营造良好的学习氛围

教师或学生在课前可以读一句具有强调课堂所学内容作用的谚语或名人名言。以下是一些强调阅读、写作及合作的谚语和名人名言。在许多网站上我们都能查阅到一系列关于某个话题的名人名言。

书籍好比口袋里的花园。——阿拉伯谚语

书中的财富比金银岛上所有海盗的掠夺品还要多。——沃尔特·迪斯尼

你的头上有你的大脑。你的鞋中有你的双脚。你可以为你自己掌舵。一切都取决于你自己,你知道自己要做什么,你决定着自己将要去哪。(此句名言常常在人们选择要阅读的书籍时被使用)——苏斯博士

学而不思犹如食而不化。——埃德蒙·伯克(18世纪爱尔兰哲学家)

经常思考阅读为我打开了新的远景,我当时在狱中就知道,阅读已永远改变了我的人生历程。正如今天我明白,阅读能力唤醒了在我内心潜伏已久的对于活跃思想的渴望。——马尔科姆·艾克斯

除了狗之外,书籍是人类最好的朋友。可如果在狗的身体里,那么就太黑暗以至于没有办法读书了。(此处格劳乔巧妙地使用了一个文字游戏:"outside of"既有"除……外"的意思,也有"inside of"的反义词——"在……之外"的意思,幽默诙谐,便于记忆。)——格劳乔·马克斯(20世纪前叶美国喜剧演员)

写作最重要的是有想法。学习写作就是学习拥有想法。——罗伯特·弗罗斯特

不付出努力你永远不可能成为一名艺术家。这就是现代的产

物——墨水所引发的问题。你根本不用思考，只需要写下在你脑海最表层畅游的句子。然而，在你脑海最表层的只不过是浮在死水表面的绿藻类层、枯叶和蚊虫卵。——谭恩美，《接骨师之女》，2001，纽约，巴兰坦，224～225页。

对于球员而言这真是一件极好的事情。团结协作对于我们来说是一项巨大的挑战，同样也是一份重要的责任。当我们情绪失控时，菲尔可不会帮助我们摆脱困境。——著名篮球明星科比·布莱恩特对洛杉矶湖人队教练菲尔·杰克逊给球员分配责任的方法所做的评论。2001年6月30日检索自https://sg.sports.yahoo.com/010616/1/yuni.html。

在大自然中，协同作用随处可见。如果你将两株植物种植得很近，这两株植物的根就会交缠在一起，土质也会得到提高。所以在这种情况下，两株植物都会比单独种植生长得好。如果你同时搬运两块木料，重量会比分开搬运要重得多。整体的力量通常大于各部分之和。一加一有时候可以等于三或更多。——史蒂芬·柯维，《高效能人士的七个习惯》: 263页。

更多和教育有关的名言，可登录网站 https://www.academia.edu/3460176/Quotes_about_cooperative_learning_and_education_generally 查询。

场景3: 故事的力量

故事提供了另一种促成每个人都集中注意力的课堂氛围的方法（Green & Bradford, 2012）。学生和教师一起分享故事，无论是关于课堂所要学习的内容本身还是学习内容所要用到的方法。

以下是两个利用故事来强调课堂所学内容重要性的例子：

1. 一堂学习百分比的数学课前，教师可以给学生讲述一个关于如何运用百分比的知识来讨价还价的故事。

2. 一堂科学课前，教师可以给学生讲述某人的家庭成员（或新闻及历史上的人物）受益于这堂课所涉及的科学领域或这一科学领域所要解决的问题的故事。教师还可以播放电视节目《百战天龙》（MacGyver）中的视频选段来向学生说明虚构的侦探是如何运用日常的科学概念帮助自己从困境中脱身的。

策略 3 —— 通过讲故事来营造积极的学习氛围

以下是一个运用雁群合作的故事为将要参与到合作活动中的学生创造积极的课堂学习氛围的例子。

1. 雁群在飞行时往往呈"V"字形。当雁群集体拍动翅膀时，它们会创造一种让大家都飞得更快的力，所以雁群能够以较少的体力飞得更远。

2. 当带头的大雁疲惫时，它会飞到"V"字的末端，其他大雁主动代替它的位置。

3. 雁群通过发出鸣叫声以鼓舞飞在"V"字前端的大雁，以保证雁群的飞行速度。

4. 如果雁群中有雁病了或被捕猎者打伤，就会有两只雁离开"V"字形雁群去帮助它。

听了雁群团结协作的故事后，教师可以让学生展开讨论 —— 雁群的故事与他们自身的学习有着怎样的联系。

场景4：积极心理学

积极心理学是一种较新的心理学方法，它强调人们的优点和生活中愉快的方面，而非其缺点和在生活中面临的问题。积极心理学的倡导者认为通过强调快乐，我们可以创造一种愉悦而且高效的学习环境（Achor，2010）。与积极心理学方法相反的是传统的师本教学法，这种教学法认为教师应该强调学生的错误，无论是学术上的还是行为上的。

策略4——强调积极的方面

教师可让学生列出他们生活中所感激的三个事物，这些"事物"可以是人、地点、物体或设备。教师可以通过给学生列举他们所感激的东西来奠定基调，比如他们的母亲、他们参加体育锻炼的地点、他们的一个恩师或者仅仅是当他们的汽车抛锚的时候正好带了手机这一事实。通过让整个班级聚焦于所感激的事物，而不是困扰我们的事情，能够使学生更愉快地看世界。

"但是我们没有足够的时间来开展本章节所提到的活动"可能是很多教师所担心的。以下是一些建议：

1. 让学生把这些活动作为家庭作业。

2. 让学生讲述他们所感激的三个事物并写在他们的博客、日记或者Facebook上。

3. 本章的活动可以在教室、集会或任何非纯学术的场合使用。开展活动之后教师可接着上课。

场景5：翻转幸福方程式

积极心理学的倡导者还认为我们需要翻转幸福方程式。对大多数人来说，想要幸福，就要获得成功的结果，比如获得高分、在运动会或其他竞赛上表现优异或者获得他人的某种认同。只有这样他们才能开心。翻转幸福方程式意味着我们要从保持愉悦开始。正因为心情愉悦，所以我们更可能成功，无论是得高分、竞赛中更好的表现或获得他人的认同。

积极心理学提供了翻转幸福方程式以及重塑我们大脑的方法（Achor，2010），它们包括一些似乎偏离课堂主题的简短活动。然而，通过提升学生的幸福感，这些活动能够增强班级的学习氛围。

策略5——鼓励善举

鼓励学生多行善举是一种创造更愉悦、更高效的学习氛围，培养使学生终身受益的习惯的简单高效的方法（Masterson & Kersey，2013）。这些善意的举动可以是当别人打喷嚏时说一句"Gesundheit"（德语中的"祝你健康"），或在小组讨论时主动帮忙记笔记。积极心理学方面的专家强调行善举有利于人们控制好自己的生活。生活中有很多行善举的机会，而学生能够自己做主是否要行善举。当然，在这一过程中教师通常要成为学生行善举的优秀模范。

场景6：体育锻炼

阿克尔（Achor）认为我们能够通过体育锻炼来控制好我们的生活（2010）。体育锻炼通过减少压力，增强学生的机敏性与活力来创造一种愉悦的、高产出的课堂氛围。这些体育锻炼甚至可以在教室中进行，即使学生可能没有穿专门的运动装。

当迈克尔在高校将英语作为第二语言进行教学时，每节课上课前他都会让学生进行身体和口头的热身。比如，他提议让一位学生发出"oooo"或"aaaa"之类的声音，然后全班同学都一同发出同样的声音，努力拉长音或做其他的口音增强训练。这些活动有利于使学生在乐观向上的情绪中开始上课。

策略 6 —— 利用简单的锻炼来活跃学习

教师可以让一名或多名同学带领整个班级做一至两分钟的体育锻炼。这类锻炼可以是简单迅速地站起来，或者是放松颈部、肩膀和踝关节的活动。这些简单的锻炼在任务环节中或测试前后尤为有效。

场景 7：给大脑提供水分

本书是关于学习策略而不是关于营养的书籍，但是，饮食势必会对学生的学习产生影响，而且学生的日常饮食也是一个可以由学生自己管理及掌控的方面。确保学生饮用足够的水是一个经常被推崇的想法。

威廉·帕奇（William Watson Purkey）是启发潜能教育的共同创始人之一，他认同饮用水在提高教育产出中的价值（Purkey & Novak, 1996）。乔治曾参加了帕奇教授的一个讲座。或许有些夸张，在讲座中帕奇教授倡导教师和学生在他们所经过的每一个饮水处停留。

另一方面，仍与生本学习有关，我们不能错过任何一个分享帕奇最著名的、常被他用来作为讲座结尾的诗：

第九章
学习氛围

　　舞蹈吧,就如无人欣赏一样。

　　恋爱吧,就如从未受伤一样。

　　歌唱吧,就如无人倾听一样。

　　生活吧,就如身处天堂一样。

（从内心去聆听）

　　继续回到水这一问题上。近期的研究也表明,如果学生没有饮用足够的水,这种轻度的脱水可能会阻碍学习(http://nutrition-facts.org/video/does-a-drink-of-water-make-children-smarter)。

　　乔治曾参加了一个关于如何保护发声器官的教师研讨会。研讨会的主讲者在他的桌子上放置了一瓶一升的水,并在那两小时的会议前称他将在研讨会结束前将瓶中的水喝完,然后他做到了。(另外,他还向教师提出了与本书密切相关的另一条建议——教师可以通过组织更多小组活动来保护自己的发声器官。)

策略 7 —— 增加水的摄取量

　　教师鼓励学生饮用足够的白开水,而且要给学生做摄取足够白开水的榜样。例如,教师可携带一个水杯(为了给学生树立环保的榜样,水杯应是可重复使用的),放置在桌子上,并定期饮用杯中的水。对于教师而言,这样做的额外好处是饮水能够保护嗓子。确实,喉咙的损伤是所有教师所面临的职业风险。

场景 8：对校园暴力零容忍

　　恃强欺弱、辱骂或其他形式的身体或心理暴力行为显然都会对课堂氛围产生负面影响。那么，教师应如何处理这些行为呢？一些学校对此类行为采取零容忍政策，惩罚这些行为。当然，处理此类问题的最佳方法是减少它们发生的机会。那么，怎么做才是以学生为中心将这些行为消灭于萌芽状态的方法呢？

策略8——与学生讨论关于校园暴力和辱骂的话题

学生应该清楚什么样的表达不能被使用。比如，一些关于同性恋的侮辱性言论可能已成为人们的习惯用法。一些学生，尤其是那些不以英语为母语的学生，可能并没有意识到某些词在某种特定的语境下有特别的含义，因此会无意识地使用如"gay"和"queer"（同性恋的）这类的词。

学生需要清楚地知道有些表达会扰乱课堂气氛，使参与到课堂活动中的同学分散注意力。教师可让学生讨论这些语言是怎样破坏课堂气氛及扰乱教学的。同时，教师应小心地引导讨论，因为有些学生不够成熟，不懂如何礼貌地讨论这些话题。

思 考 题

1. 你见过其他人，比如你的教师或同事使用过本章提到的生本学习策略吗？如有，请谈谈你的感受。
2. 你使用过本章提及的策略吗？如有，效果如何？
3. 你想要使用本章介绍的但你没有使用过的策略吗？如果实施了，你认为你的学生将会有怎样的反应？你将对这些策略做出怎样的调整？
4. 有同事愿意与你讨论这一章吗？
5. 你还能通过哪些方式来倡导"学习氛围"这一理念？

参考文献

[1] Achor, S.(2010). *The happiness advantage: The seven principles of positive psychology that fuel success and performance at work.* New York, NY: Crown.

[2] Froh, J. J., & Parks, A. C.(Eds.).(2013). *Activities for teaching positive psychology: A guide for instructors.* Washington, D.C.: American Psychological Association.

[3] Green, A., & Bradford, S.(2012). Stories of power and the power of stories. *International Journal of Adolescence and Youth*, 16(2), 97–99. doi:10.1080 /02673843. 2011.9748049.

[4] Masterson, M. L., & Kersey, K.C.(2013). Connecting children to kindness: Encouraging a culture of empathy. *Childhood Education*, 89(4), 211–216.

[5] Purkey, W. W., & Novak, J. M.(1996). *Inviting school success: A self-concept approach to teaching, learning, and democratic practice.* Florence, KY: Wadsworth.

请写下你对本章生本学习要素——"学习氛围"的想法和建议：

第十章

激发动机
Motivation

[摘要] 持续的动机产生于学生自身。这种动机通常在学生期望的学习环境中出现。激发此动机的因素包括学生觉得自己：（1）有合理的成功机会；（2）被认为是受尊重的个体；（3）受欢迎；（4）被支持；（5）有掌控权；（6）朝着有用的目标奋斗。

[关键词] 动机；掌控权；目标；心流理论；感激学生

场景1：成功和成功的期望

动机是复杂的，很多因素影响学生努力学习的意愿，这些因素相互作用，并且和学生个人特点相关。成功和对成功的期望这个因素在很多动机理论中尤为突出（Wigfield & Eccles, 2000）。接下来这一策略可以用来帮助所有学生相信他们是能成功的。

策略1——切勿只与鹰齐飞

教师很容易忍不住"只与鹰齐飞"（fly with the eagles）。换言之，在我们教完一个内容后，如代数方程式，可能会停下来检测学生的掌握程度。这种检测可以通过让全班完成几道代数题或直接问"明白了吗？"来完成。当一些学生向我们证明他们可以做出这些代数题，并且同样是这部分学生，说他们明白所有内容的时候，"与鹰齐飞"的情况就出现了。在这种情况下，我们很容易坠入陷阱，以为全班每个学生都已经理解了，然后继续讲下一个内容。

那么如何将上课进度控制在让所有学生都觉得合适的范围内，同时又不让"鹰"们感到无聊呢？一种方法是让学生组成2～4人小组，每个小组中有一个知识掌握速度快的同学（即上文的"鹰"）。那些掌握得快的学生在教师教完后担负起组内指导的重任，如果某个知识点没能被每个人掌握，就不通过。在组内教其他人的那位学生相当于学了两遍。

但并不是所有的责任都落在了那些掌握得快的学生身上，掌握得较慢的学生也需要做些事：

1. 公平分摊所有任务。
2. 让别人知道自己的不懂之处。
3. 尽最大的努力去理解并学会同伴及其他人教自己的知识和技巧。
4. 课前预习，上网搜索相关内容来加深理解，而不是总将求助他人作为首要手段。

场景2：背景知识的重要性

认知心理学告诉我们人类通过联系新信息和旧知识来学习。用于描述这种知识网络的术语是"图式"。整合新旧知识是个难点。这就是那些落后的或者晚开始学习的学生会面临那么多麻烦从而丧失学习动力的主要原因（Fuchs et al., 2004）。这个难点是由众多因素引起的，包括语言挑战、文化差异或缺乏学习经验。因此，我们需要意识到哪些学生落后了，并想办法让他们迎头赶上。

策略2——尽早识别和帮助学习困难生

通过之前的课程测验和学年快开始时频繁的简要评估，教师可以判断出哪些学生可能会在学习上有困难，并对他们提供帮助。可能最简单的提供帮助的方法是基于以往的成绩组成2~4人的学习小组，每个成绩不好的学生身边总有一个成绩好的组员能为他提供及时的帮助。和拥有较完备的"图式"的同伴一起学习能帮助学习较弱的学生制造属于自己的联系。对于教师来说很明显的联系，常常不如由同伴交流指导对他们来说更能弄得清楚。

场景3：增强学生对自己学习的掌控权

生本学习强调学生对自己的学习拥有更多的掌控权。心理学家们，如格拉斯（Glasser），指出了掌控权和动机之间的联系（1986）。增强学生对自己学习的掌控权包括设立自己的学习目标，思考如何实现那些目标，并进行自我监督。

监督是个棘手的问题。正如爱因斯坦曾说过的："不是所有可以计算的东西都是重要的，也不是所有重要的东西都可以被计算。"幸运的是，教育工作者已经想出办法来测量哪怕是情感因素，但问题是，尽管可测量的目标是重要的,学生也可以设立有意义却不易被精确测量的目标。

策略 3 —— 帮助学生设立目标

在学年或学期快开始的时候,学生开始为他们希望完成的任务设立目标。对于一些学生而言,最好鼓励他们设立小步子、可完成的目标,而不是"我相信我能飞""我相信我可以一步登天"之类的目标,虽然这些目标也有其一席之地。然后,学生要思考他们该如何去实现这些目标,教师、同学和其他人能帮上什么忙。接下来,学生应该思考他们如何知道自己是否已经实现了那些目标。

作为教师,我们也可以告诉学生具体目标是什么,比如,我们想知道学生期待的学习内容,我们想改进教学方法,我们想增加教学乐趣。

场景 4:教育造福社会

约翰·杜威(John Dewey)是 20 世纪上半叶著名的教育家和教育哲学家(Dewey, 1997)。杜威的生本学习思想在当今世界仍然盛行。例如,杜威认为学生不应将教育视为自我夸大的手段,而应是造福社会的方式。因此,学生的学习动机不应该是毕业后找到一份好工作。他们的学习动机应该小到自发的学习意愿,大到为全人类的知识总和做贡献,以此来解决我们人类以及地球上其他生物面临的众多问题。

策略 4 —— 鼓励学生为他人的福祉而学

学生利用他们的所学来服务社会的方式很多,取决于学生自身以及他们生活和学习的环境。服务社会包括改变人们的行为习惯，例如，降低温室气体的排放；写信或发邮件给政府、企业和非政府部门等；督促执行某一行动方案；收集某一问题的数据并分享从那些数据中得出的结论。

场景5：心流理论

心理学家齐克森米哈里（Csikszentmihalyi）因他提出的"心流"理论而著名（1991）。"心流"描述的是一种将个人精神力完全投注在某种活动上的感觉，同马斯洛（Maslow）的"自我实现"理论（1968）有异曲同工之妙。在"心流"的状态下，人们会高度专注，拥有内部动机，乐在其中。达到"心流"状态有两个必要条件：学生必须察觉受到挑战，必须相信他们有能力迎接挑战。

策略5——告诉学生他们会进步

犯错是学生学习的一部分。教师也会犯很多错，这同样是我们学习的一部分。我们需要让学生接受一定的挑战，这样他们才能进步，但同时也要让他们相信进步的可能性。例如，我们可以告诉他们："上次分子生物学实验中你犯了一些错，我相信这次你可以进步的。这是一些你可能用得到的资源，当然，我也是你的资源之一。"

场景6：课堂常规的合理程度

学习动机方面的专家告诉我们，学年初始，很多学生是动机十足的，但渐渐地，他们的动机衰退了（Dörnyei, 2001）。他们之所以丧失兴趣，部分是由于对课堂常规（Classroom Routine）产生了厌倦。教师非常清楚地知道教学常规会变得千篇一律，这是学习动机的死敌。

策略 6 —— 打破千篇一律

多样化是千篇一律的对立面。教师可以通过使用多样化的教学方法和活动来活跃课堂。例如，我们可以在上课开始或结束时讲个笑话，即便是"蹩脚"的幽默也是可以的。在多样化方面，基于小组的学习就是对传统学习的一个真正的改变。

上课地点也不必总是在教室，教室是个局限的空间。例如，几何学课和美术课上，可以让学生安静地沿着走廊，识别学校建筑的基本形状，这样的环境更能促进学习。学习环境的改变可以活跃课堂，学生也能参与选择新的学习环境，如学校体育馆。

场景 7：征求学生的意见

作为教师，我们有充足的经验和强大的直觉帮我们估量教学进展，预估教学理念的实践情况。然而，经验和直觉，即便有教育学文献中所学的理论支持，也只能帮我们这么多了。我们需要问问学生的经验和直觉，了解有助于他们学习的因素，学习动机就是一个很好的例子。

策略 7 —— 做简单的学习需求分析

需求分析包括收集学生在学习方面的需求信息。有很多种方法可以用于实施需求分析。方法越简短越方便，课堂上就能越频繁地使用。或许做需求分析最简单的方法就是让学生思考并讨论其学习动机,以及教师和其他人如何去增强他们的学习动机。

场景 8:学生激励教师

动机实际上是条"双行道"。换言之,不仅教师在努力激励学生,学生也激励我们教师。的确,我们被认为是教室里的专家,总是充满积极性,总是动力十足。但事实上,学生的表现会影响我们。

策略 8 —— 感谢学生的激励

当学生比平常更努力的时候,例如,更努力地去解决数学问题,我们可以感谢他们,告诉他们,他们对学习的投入激励我们也更加努力。学生也可以和小组的其他成员互相激励。

思 考 题

1. 你见过其他人,比如你的教师或同事使用过本章提到的生本学习策略吗?如有,请谈谈你的感受。
2. 你使用过本章提及的策略吗?如有,效果如何?
3. 你想要使用本章介绍的但你没有使用过的策略吗?如果实施了,你认为你的学生将会有怎样的反应?你将对这些策略做出怎样的调整?
4. 有同事愿意与你讨论这一章吗?
5. 你还能通过哪些方式来倡导"激发动机"这一理念?

参考文献

[1] Csikszentmihalyi, M. (1991). *Flow: The psychology of optimal experience.* New York, NY: Harper Perennial.

[2] Dewey, J.(1997). *Experience and education.* New York, NY: Free Press.

[3] Dörnyei, Z.(2001). *Motivational strategies in the language classroom.* Cambridge, United Kingdom: Cambridge University Press.

[4] Fuchs, L. S., Fuchs, D., Prentice, K., Hamlett, C. L., Finelli, R., & Courey, S. J. (2004). Enhancing mathematical problem solving among third-grade students with schema-based instruction. *Journal of Educational Psychology*, 96 (4), 635–647.

[5] Glasser, W.(1986). *Control theory in the classroom.* New York, NY: Harper & Row.

[6] Maslow, A. H.(1968). *Toward a psychology of being (2nd ed.).* New York, NY: Van Nostrand.

[7] Wigfield, A., & Eccles, J. S.(2000). Expectancy-value theory of achievement motivation. *Contemporary Educational Psychology*, 25, 68–81.

第十章
激发动机

请写下你对本章生本学习要素——"激发动机"的想法和建议：

第十一章

不懈努力
Conclusion: Keepin' on Keepin' on

[摘要] 前十章分别介绍了实施生本学习策略简单有效的步骤。本章关注实施生本学习策略的战略性整体范式转变。

[关键词] 生本学习；范式转变；生本学习教师会议；拼图策略；教学反思

场景1：携手共进

非洲有句古话："一个人走得更快，一群人走得更远。"这句话在教育里也同样适用。每位教师，也许可以让自己的课堂产生快速有效的改变。但是持久广泛的改变，需要每一位学生、教师和其他利益相关者共同努力。这也是为什么本书鼓励我们教师在实施生本学习策略时，让其他同事和学生都参与进来的原因。

我们发现，基于很多原因，有些教师跟其他人相比更容易接受也更倾向于生本学习策略。不要惊讶。生活中的很多例子都表明，无论是对巧克力的喜欢还是游泳的天赋，人群的分布常常呈现统计学家称为的"钟摆曲线"，多数趋向于正态曲线的均数或中数，少数人处于两极。比如说，巧克力的例子，在曲线的一端是嗜食巧克力者，曲线的另一端是极端厌恶巧克力的人，大多数人处于曲线的中间部分。

无须担心，我们可以和处于"钟摆曲线"中间部分的同事们共同合作完成生本学习策略，和处于曲线两端但是愿意了解生本学习策略的同事们分享我们的教学体会。

策略 1 —— 和同事一起通过多种媒介学习生本学习策略

◇ 创建一个读书俱乐部，一起讨论关于生本学习策略的书籍。很多出版商出版了关于生本学习策略的书籍，比如连接出版社（Continuum）、戈温出版社（Corwin）、信息时代出版社（Information Age）、劳特利其出版社（Routledge）、学者出版社（Scholastic）、施普林格出版社（Springer）和教师学院出版社（Teacher College）等。

◇ 如果因为太忙，没有办法一次读完一本书，我们可以选择阅读书中的一两个章节，或从众多优秀的教育学杂志和期刊中选择一些文章来阅读。

◇ 同时我们还拥有广泛的生本学习策略的视频资源。其中一个很好的视频资源是教育乌托邦（Edutopia），由乔治·卢卡斯基金会（George Lucas Foundation）资助。

◇ 创建一个图书馆（电子或纸质），包含相关书籍、文章、视频博客、网站、教案和其他可以与他人分享的教学资源。

场景 2：乐观心态

我们应该如何对待那些对生本学习策略不太感兴趣的同事呢？首先保持一个积极乐观的态度是非常重要的。很多使用生本学习策略的教师也可以从师本课堂中（Teacher Centered Classroom）学习到很多。我们并不是说，使用师本教学法没有效果，也不是说这种教学法不考虑学生实际的学习情况。我们只是提供一些可行的教学方法，供教师参考，看在课堂上加入生本学习策略是否能够让课堂变得更好。更进一步，也许我们的同事可以从他们的学生那里，了解到我们在课上使用的生本学习策略。希望我们的同事听到的都是关于这个模式的好处。

策略 2 —— 分享教学心得

我们可以主动要求在教学研讨会、教学论坛里抑或是学校的网站上，分享我们对生本学习策略的心得体会，并利用这些平台汇报教学进展。汇报应该包含对生本学习策略优缺点的分析和其他涉及的方方面面。除此之外，我们还需交代自己的教学背景。这样同事之间可以两相对比。基于以上的对比，同事也许可以提出其他的改良版本来适应不同的教学环境。

场景 3：与每位教育相关人员分享

学校管理者和其他非教学岗位的教育从业人员也是我们宣传生本学习策略的重要一环（Wolfe et al., 2013）。鉴于很多教育学的相关文献提倡生本学习策略，学校管理者、课程专家、教材编写者、学校社工和其他人很可能会支持我们所做的改革（Doyle, 2011）。

策略 3 —— 与不参与教学实践的教育专家们分享

当校长或其他人来教室听课时，我们要做好准备向他们解释，我们在做什么以及这么做的原因。我们的课程理念是学生为中心的教学，我们可以邀请来访者给予一些课堂反馈和建议。比如，可以问他们是否知道其他的生本学习策略的实践或有什么好的建议帮学生更好地适应生本学习的课堂。

场景 4：与学生家长分享

除了教育从业人员，其他的利益相关者也对学生的学习有很大的影响，他们需要了解生本学习策略的每个步骤和背后的原因（Epstein & Salinas, 2004）。下面是一位教师打算给家长写的信，告知他们正在实施的泛读（Extensive Reading）计划：

年前，我在考虑也许给每个学生的家人写封信是不错的主意。通过这种方式，家长可以更好地了解泛读计划的好处以及在课堂上开展的形式。我会在信中解释自己在课堂上会扮演什么样的角色。通过这种方式，家长可以知道学生缺乏的并不是教师的指导。在信中，我还会清楚解释一个概念："阅读技巧是需要学习的，通过大量阅读训练，学生的阅读能力不断提高，阅读能力是通过阅读来提高的。"

策略 4 —— 告知每一个人

生本学习策略的出现让我们对提高教学质量、让课堂生动有趣有了很大的信心。一旦人们对这种教学方法有所了解，很多人就会非常支持其在课堂上的实施。再加上，生本学习策略鼓励民主的决策，教师有责任告知利益相关者并听取他们的建议。本着这一精神，我们可以给学生的家长或学生本人写一封简短的告知信，介绍这一学习策略。

场景 5：给教师体验新教学法的机会

常言道："受什么样的教育决定了其怎样教别人。"不幸的是，我们大多数的教师，即使是二三十岁的年轻教师，所经历的都是师本教学的方法。因此，这些教师需要从学生的角度体验生本学习策略。当他们这么做时，就更可能发现这种教学模式可以让学习氛围变得更有趣、更高效。教学研讨会就是个很好的例子。通常情况下，教学研讨会由教学主管或者外聘专家所主导。因此，教学研讨会是个好机会，可以让教师体会生本教学法和师本教学法之间的差别。

策略 5 —— 策划生本学习教师会议

我们可以鼓励我们的教学主管在教学研讨会上尝试使用学生为中心的教学活动。举个例子，当需要给教师介绍一些新的文件时，与其像上课一样讲解文件的主要内容，不如采用"切块拼接法"（Jigsaw Technique）（Aronson, 2015）。下面是切块拼接法的主要步骤。

◇ 教师组成四人小组。这个小组叫作他们的主组（home group）。主组的每个成员会被分配到关于同一个话题的不同材料或者一个文件的不同部分。

◇ 教师离开他们的主组，与其他拿到同样"拼图"，也就是同样材料的教师，组成不超过四人的专家组（expert group），组建专家组的目的有两个：一是共同学习拿到的材料；二是向主组成员讲解讨论成果。

◇ 教师离开专家组，对每一位组员表示感谢，并回到主组。每位成员在主组里轮流教其他组员。每轮都包括提问和点评环节，展示者和组员也可以作补充。

◇ 教师可以组织一些活动，让每一个主组成员展示自己所掌握的信息。这种活动可以是个人测试，也可以是画思维导图、写反思日志或者共同完成小组项目。

切块拼接法和其他合作策略相比较为复杂，以下是一些使用技巧：

1. 要确认每一位主组成员拿到的部分都具有可读性，在不借助其他材料的情况下，可以充分理解意思。有的时候要在每个材料之前加上简介和索引。

2. 给专家组适当的帮助，这样可以帮助他们更好地把知识传授给其他组员，而不是仅仅把材料从头到尾读一遍。比如说可以给专家组准备好摘要、思维导图、其他图表或组织架构图。

场景 6：眼见为实

"眼见为实。"因此，对于教师来说，仅仅听闻生本学习策略远远不够，在教学研讨会上切身感受生本学习策略仍然不够。他们更希望可以看到这种教学模式的真正实践。毕竟，在由教师组成的课堂中实施教学活动，比在学生组成的课堂中更加容易。

其中一种解决方式就是，邀请他们到我们的课堂里来，让同事们实地观察生本学习模式。但是挤出同行互助听课的时间并不是那么容易的事。有的时候我们需要主管的帮助，比如说让主管给要听课的教师安排代课教师或请其他同事代课。

策略 6 —— 邀请同事来观察生本学习课堂

我们可以邀请全员，也可以邀请特定的教师，如目前我们正在指导的新教师或教导主任。在课程开始之前,需要告知他们整个课程的教学大纲。我们也可以寻求他们的帮助,帮忙协助课堂活动,如帮助留心学生的某些举动或者帮助那些成绩比较差的孩子。

场景 7:多种分享方式

实例是有力的分享方式。然而让同事们来我们课上旁听并不方便,我们可以使用其他分享方式,比如录制课堂视频、分享教案和教学材料。

策略 7 —— 分享教案和教学材料

如果我们上了一节相当成功的生本学习课程,就可以和教相同或相似课程的教师分享经验和材料(包括学生的作品)。

场景 8:社交技巧

学生使用社交技巧能增强生生互动。类似地,教师同样可以从与我们的同伴——各位教师之间的良性互动中受益。例如,一个在初中教师中实施的研究发现,教师之间分享赞美笔记(praise notes)可以增进同事关系(Nelson et al., 2013)。

策略 8 —— 夸赞实施生本学习策略的同事

除了策略 6(邀请同事来观察生本学习课堂)和策略 7(分享教案和教学材料),使用生本学习策略的教师之间还可以互相赠送赞美笔记。这些笔记应当言辞诚恳，具体说明同事做了什么，解释为什么其行为是有价值的。

场景 9：研究和反思

我们教师经常被鼓励去参加职业发展活动，如做会议报告。开展小型研究项目，如行为研究（Schmuck，2006）或课例研究（世界课例研究协会，2015），为加深我们对教育的理解、增加我们在同事和学生之间的威信提供了另一个职业发展的机会。

搞研究的第一步就是反思。不管我们是否搞研究，反思都是很重要的一步。"反思"意味着要从繁忙的当下抽出时间来思考我们未做的事、正在做的事和已做的事。"反思"（Farrell，2003）发展了我们专业实践的洞察力，鼓励我们去尝试新事物。

策略 9 —— 实施生本学习策略的反思

这是本书的最后一章，我们需要反思以下问题：生本学习策略进展如何？学生有何反应？同事、管理者或其他人有何反应？生本学习策略中哪些步骤是有效的、可以继续实施的？哪些步骤还需改进？

场景 10：视觉的力量

"一张图片胜过千言万语。"学校放在官网上或其他材料上用于向职员、学生和公众展示自己形象的图片是否合适？这些图片展示的是教师作为"讲坛圣贤"的模式，在给全班讲课，还是教师作为"俯身指导"的模式，当学生在小组合作学习时观察并激励他们？这些图片能传递出非常强大的信息。

策略 10 —— 强调图片的重要性

去看看学校的网站吧。网站是聚焦于学生学习还是全是以教育者为中心的材料,如学生在听管理者、教师、教练或其他人讲话?若是后者,我们建议可以增加学生为中心的活动图。我们的教室就是这些照片的一个来源地,学生可以在教室里拍照。当然,照片的发布得先得到家长或监护人的允许。

场景 11:新技术

新技术为实施生本学习策略提供了很多新方法(November,2012)。众多网络工具确实为学生合作和避免"填鸭式"教学打开了新大门。学校应通过使用这些工具与时俱进。

策略 11 —— 使用电子工具

我们需要时刻关注学校正在使用或可能会使用的电子学习工具。这项技术如何被用于促进生本学习策略?我们和学生能否想出更多的方法来利用这项技术促进生本学习策略?我们如何教学生和同事利用这项技术促进生本学习策略?

场景 12:梦想的力量

本书一直主张简单的策略和微小的步伐会产生巨大的影响。我们拥有一个大目标,教育向生本学习转变这个目标,是向一个更民主、更吸引全民参与、更具创新性、更公平的世界转变的一部分。因此，尽管本书里所描述的步伐不大，但是梦想很大。1949年上演的音乐剧《南太平洋》里有句歌词是："你应该有个梦想，如果你没有梦想，又如何去实现梦想？"（Rodgers et al., 1947）。我们应该和学生分享这个梦想，就像马丁·路德·金（Martin Luther King）在1963年的著名演讲《我有一个梦想》中分享的他的梦想那样。

策略 12 —— 分享我们的梦想

是什么激励我们使用生本学习策略？它如何契合我们对于教育本质的设想？学生应当知道这些。我们也应该去了解生本学习是否符合学生对于教育的设想。或许师生可以合作，那么每个人的梦想都能实现！

思 考 题

1. 你见过其他人，比如你的教师或同事使用过本章提到的生本学习策略吗？如有，请谈谈你的感受。
2. 你使用过本章提及的策略吗？如有，效果如何？
3. 你想要使用本章介绍的但你没有使用过的策略吗？如果实施了，你认为你的学生将会有怎样的反应？你将对这些策略做出怎样的调整？
4. 有同事愿意与你讨论这一章吗？
5. 你还能通过哪些方式来倡导"不懈努力"这一理念？

参考文献

[1] Aronson E.(2015). The jigsaw classroom. Retrieved from https://www.jigsaw.org.

[2] Doyle, T.(2011). *Learner-centered teaching: Putting the research on learning into practice.* Sterling, VA: Stylus Publishing.

[3] Epstein, J.L., & Salinas, K.C.(2004). Partnering with families and communities. *Educational Leadership*, 61(8),12–19.

[4] Farrell, T. S.(2003). *Reflective practice in action: 80 reflection breaks for busy teachers.* Thousand Oaks, CA: Corwin Press.

[5] Mensah, F. M.(2009). Confronting assumptions, biases, and stereotypes in preservice teachers' conceptualizations of science teaching through the use of book club. *Journal of Research in Science Teaching*, 46 (9), 1041–1066.

[6] Nelson, J. A. P., Caldarella, P., Adams, M. B., & Shatzer, R. H. (2013). Effects of peer praise notes on teachers' perceptions of school community and collegiality. *American Secondary Education,* 41 (3), 62–77.

[7] November, A.(2012). *Who owns the learning.* Bloomington, IN: Solution.

[8] Rodgers, R., Hammerstein, O., & Logan, J. (1947). *South Pacific: A musical play.* New York, NY: Random House.

[9] Schmuck, R. A. (2006). *Practical action research for change* (2nd ed.). Thousand Oaks, CA: Corwin Press.

[10] Wolfe, R. E., Steinberg, A., & Hoffman, N.(2013). *Anytime, anywhere: Student-centered learning for schools and teachers.* Cambridge, MA: Harvard Education Press.

[11] World Association of Lesson Studies. (2015). Author. Retrieved from http://www.walsnet.org.

请写下你对本章"不懈努力"这一理念的想法和建议：

附录 1

"学习者为中心"的心理学原理*
—— 重构和改革学校的架构

美国心理学会教育事务局工作组 著

盛群力 译

以下 14 条心理学原理涉及学习者与学习过程,其焦点主要落在内在的心理因素,是学习者能够控制的,而不是条件反射性的习惯和生理因素。然而,这些原理也试图强调了与内在因素发生互动的外部环境或情境因素。每一条原理的开发都有研究结果的支持,不同学科的研究专家从各自的研究视角对每一条原理进行了论证。

这些原理将学习者放在真实的学习环境中整体地予以看待。因此,最好将它们看成是一组有机统一的原理,而不是孤立的。影响学习者和学习的 14 条原理被分成认知与元认知、动机与情感、发展与社会交往以及个别差异因素。另外,这些原理可以运用于各个年龄层次的学习者——青少年儿童、教师、行政人员、家长及社区人士。

---

*资料来源: Learner-Centered Psychological Principles: A Framework for School Redesign and Reform, Revision prepared by a Work Group of the American Psychological Association's Board of Educational Affairs (BEA), November 1997. https://www.apa.org/ed/governance/bea/learner-centered.pdf. 译文曾发表于《远程教育杂志》2003 年第 6 期。

一、认知与元认知因素

1. 聚焦意义建构

要掌握复杂的学科内容，只有将它看成是从信息和经验中建构意义的内在过程，才能颇具成效。

学习过程的类型是各不相同的。例如，在动作技能学习方面如何养成习惯、生成理解知识，以及掌握认知技能和学习策略。在学校中学习要强调运用内在的心理过程，帮助学生从信息、经验以及自身的思维与习惯中建构意义。成功的学习者是积极主动的、有明确目标指引的、善于作自我调节的以及对学习承担起自身责任的人。我们现在提出的原理倡导的就是这样一种学习类型。

2. 明确学习目标

随着时间的推移和在教师的指导下，成功的学习者能创造知识的有意义的、一致的表征。

学习的策略性要求学习者具有目标导向的意识。为了建构有效的知识表征以及掌握思维与学习策略以保证在将来的生活中取得持续的学习成功，学习者必须生成并保持与个人相关的目标。起先的时候，学习者可能只有短期的目标，在某一方面的学习不甚得法，但是随着时间的推移，他们能够逐渐弥补理解上的缺陷，消除不一致性，加深对学科内容的理解，以使得自己能达到更长远的目标。教育工作者可以帮助学习者建立起有意义的目标，使得个人目标和教育的热忱、兴趣能够取得一致。

3. 突出新旧联系

成功的学习者能够将新信息与现有的知识以有意义的方式联系起来。

随着学习者不断地将新信息与自身的经验和现有的知识联系起来，知识的广度和深度也在发生着变化。这种联系的方式可以采取多种形式，例如，对现有的知识技能进行添加、修改和重组。这些联系的产生方式在不同的学科中也是不拘一格的，并且依据学习者的天赋、兴趣和能力的差异有所区别。然而，除非新知识能够与学习者原有的知识和理解联系起来，这种新知识仍然是零散孤立的，不可能最有效地用于新任务学习中，也不便于迁移到新情境中。教育工作者可以通过多种策略来帮助学习者获得与整合知识，这些策略已经在各种不同能力的学习者身上被证明是行之有效的，例如概念匹配和主题组织或分类等。

4. 善用策略思维

成功的学习者能够创设及运用一系列思维与推理的策略以完成复杂的学习任务。

成功的学习者在推理、问题解决及概念匹配等学习中能够采用策略思维，他们理解和运用多种策略来帮助自己达到学习或工作目标，在新的情境中应用知识。通过对策略效果的反思，通过接受指导和反馈，通过观察模式和与之互动，学习者也可以不断地扩展其策略库。如果教育工作者在开发、应用和评估策略技能上给予学习者帮助，对他们取得更好的学习成效是大有益处的。

5. 反思学习活动

选择心理运作和监控心理运作的高层次策略有利于创造性思维及批判性思维。

成功的学习者能够对自己如何思考和学习加以反思，建立合理的学习目标和工作目标，选择适宜的学习策略或方法，监控自身在导向目标过程中的进步状况。另外，如果出现了问题或者在导向目标的道路上费时费力，成功的学习者也会懂得该如何去做。他们能够提出替代的方法来达到目标（或者重新评估目标本身的适宜性和效用性）。帮助学习者发展这些高层次（元认知）策略的教学方法能够增强他们学习的责任感和个人的责任感。

6. 注重环境熏陶

学习受到环境因素的影响,包括文化、技术和教学实践。

学习不是发生在真空中。教师在与学习者和学习环境发生互动中起着关键作用。文化或群体对学习者的影响也同许多教育因素有关,诸如动机、学习定向和思维方式等。技术和教学实践必须与学习者原有的知识水平、认知能力和学习策略及思维策略相匹配。课堂环境,尤其是它们是否具有教育性,对学习者的学习也会产生重要的影响。

二、动机与情感因素

7. 运用激励因素

学什么和如何学在很大程度上受到学习者动机的影响。反过来,学习动机也受到个体的情绪状态、信念、兴趣与目标以及思维方式的影响。

想法、信念、目标以及对学习成功的期望等各种内心体验会增强或削弱学习者的思维品质和信息加工品质。学习者对自身的看法和对学习过程的看法会对动机产生很大影响。动机因素和情绪因素也在影响着思维的品质和信息加工的品质,影响着个体学习的愿望。积极的情绪,例如好奇心,一般来说会增强动机,促进学习与业绩。通过聚焦学习者对特定学习任务的注意力,略有一点焦虑也能增强学习与业绩。然而,过分消极的情绪(如忧虑、惊慌、愤怒与不安全感等)和相应的忧虑(如对自己是否能胜任感到担忧,对自己是否会失败感到无能为力,担心受到惩罚与奚落,担心别人嘲笑讽刺)通常会削弱动机、干扰学习从而导致学业不良。

8. 激发内在动力

学习者的创造力、高层次思维和自然的好奇心对学习的动机有重要的影响作用。激发学习的内部动机有赖于最佳的任务新颖性和难度水平,有赖于同个人的兴趣相联系以及能够提供自主选择与控制的机会。

好奇心、灵活而富有洞察力的思维以及创造性是学习者内部学习动机的主要标志,这也是满足个体胜任的需要和有控制力所不可或缺的。如果学习者感觉到学习任务是有趣的、有意义的,同个人是有关系的,是能够胜任的、难度适宜的,是能够获得成功的,那么,就有利于形成内部动机。另外,如果学习任务是与真实世界的情境可资比较的,是能够满足个人选择与控制需要的,那么,也有利于形成内部动机。教育工作者应该通过关注学习者对学习任务的新颖性、难度水平、针对性和个人选择性与控制程度等方面的个别差异,鼓励与支持他们天然的好奇心和学习愿望。

9. 付诸学习努力

掌握复杂的知识技能,要求学习者付出更多的努力及有指导的练习,如果缺少学习者的内部学习动机,付出这种努力的愿望就很可能得借助于其他手段。

努力是学习动机的另一个主要指标。掌握复杂的知识技能要求学习者投入大量的实践与精力,持之以恒。教育工作者必须关注那些能增强学习者的努力和学习承诺感、达到深层理解的各种策略来促进动机。有效的策略包括明确学习活动的目的性,指导如何增强积极的情绪和内部动机的练习活动,提供给学习者如何感受学习任务的兴趣与针对性的方法。

三、发展与社会交往因素

10. 关注发展特点

在个体发展的过程中,会有各种不同的学习机会和约束条件。只有充分考虑身体、智力、情绪和社会交往领域不同的发展阶段内和发展阶段中的特点,学习才会取得最佳的效果。

当学习材料与学习者的发展水平最相适宜以及用喜闻乐见和兴趣盎然的方式呈现时，每个人的学习成效才是最佳的。因为每一个学生的智力、社会交往、情绪和身体发展的水平有差异，所以，在学习中的成绩也会出现高低不一的情况。如果过分强调发展准备的某一方面，例如阅读准备，也许就会妨碍学习者展示其在另一个领域所擅长的优势。每一个学习者认知、情绪和社会交往的发展状况和他们如何用来解释生活经验，是受到先前的学校教育、家庭生活、文化和社区因素的影响的。父母是否尽早及持续地参与到学校教育中、成人与孩子语言交际及双向沟通的质量都会影响发展的水平。充分意识和理解孩子是否有情绪、身体和智力方面的缺陷，有利于创设最优的学习情境。

11. 突出学习互动

学习受到社会互动、人际关系和沟通方式的影响。

当学习者有机会同他人在学习任务方面互相影响、彼此协作时，能够增强学习的效能。允许产生社会互动及彼此欣赏，尊重多样性的学习情境，能够鼓励灵活开放的思维和促进社会交往能力。在互动及协作的教学情境中，每个人都有机会表达自己的看法，反思自己的思维，这就引发了更高层次的认知、社会交往和道德发展，也强化了每个人的自尊自信。提供稳定、信任和互相关爱的优质人际关系能增强学习者的归属感、自尊自爱感，形成积极学习的氛围。家庭影响、积极的人际支持和自我激励策略方面的指导能够弥补对最优学习产生干扰作用的因素，如对自己在某个学科的能力感到不自信、过分的测验焦虑、消极的性别角色期望、对表现出色有不恰当的压力等。积极的学习氛围也有助于建立表现出健康的思维、情感和行为的情境，这种情境有助于学习者在彼此分享思想、积极参与学习过程和创建学习共同体中感受到心理安全。

四、个别差异因素

12. 尊重个别差异

学习者有不同的学习策略、方式和能力,这些都受到原有经验和遗传的影响。

每个人生来就带有自身的能力和天赋,并且也是这样发展起来的。除此之外,通过学习与社会交往适应,每个人已经在喜欢学习什么和学习的速度方面形成了自己的特点。然而,这些特点并不总是有益于学习者达成学习目标的。教育工作者必须帮助学习者审视自己的学习特点,必要时予以扩展或调整。学习者的个别差异同课程因素和环境条件的相互作用,是影响学习结果的另一个重要因素。教育工作者必须对个别差异有相当的敏感,还应该关注学习者自身是否感受到这些差异,从而通过多种教学方法和教学内容来调适个别差异。

13. 鼓励多样表现

当我们考虑了学习者语言的、文化的和社会经济背景方面的差异时,学习才是最有效的。

学习、动机和有效教学的基本原理是相通的,可以运用于所有的学习者。不过,语言、种族、信仰和社会经济状况的差异都会影响到学习。在教学中精心考虑这些因素将提升设计与实施适当的学习环境的可能性。当学习者感受到他们在能力、社会经济背景、文化和经验方面的差异是一种财富,是值得尊敬的,是可以在学习任务和学习情境中加以调节的,学习的动机水平和成绩就会得以提高。

14. 评估学习成效

建立适当高度和富有挑战性的标准,既评估学习者,也评估学习过程——包括诊断性的、过程性的和结果性的评估,这是学习过程不可或缺的一个部分。

评估提供了学习过程各个阶段中有关学生与教师的重要信息。有效的学习发生于学习者感到实现适当高度的目标有相当挑战性的时候,因此,对学习者认知优势与缺陷的评估,以及对他们现有的知识与技能水平的评估,是选择最适当的教学内容难度的一个重要因素。对学习者理解教学内容的程度经常而连续地做出评估,可以帮助学习者本人和教师对指向学习目标的进步幅度提供有价值的反馈。学习进展的标准化评估和结果评估提供了个体本身和个体之间的成绩水平的一种信息;业绩评估则能够提供有关学习结果到达度的另一种信息。学习进展的自我评估也能够改进学生的自我评价技能,增强动机与自我导向学习。

附录2

生本学习*
——推动学校民主发展的策略

[新加坡] 乔治·M. 雅各布斯　[美] 迈克尔·帕瓦　著

徐丽雯　周　婷　译　盛群力　校

[摘要]　文章的开头，作者介绍了一个成功的学生小组案例，之后讨论了民主的相关概念。接着，文章定义了"生本学习"和其组成要素，并将这些要素与民主的概念相联系。接下来的部分，文章提供了实施"生本学习"的各种方法，并讨论了实施过程中可能会遇到或已经遇到的问题。最后，作者认为"生本学习"不仅促进学生自身学习，也推动学校民主的发展。

[关键词]　"生本学习"；学校民主；"生本学习"要素

引　言

小组里四个10年级学生坐在一起，积极讨论本小组的写作项目。最开始先由小组里的一名学生用半分钟的时间倾诉她的困惑，主要涉及团队

---

*文献来源：Jacobs, G., & Power, M. A.(November, 2016). Student Centered Learning——An Approach to Fostering Democracy in Schools. Beyond Words, 4(2), 79–87. http://journal.wima.ac.id/index.php/BW. 经作者同意作为本书附录。

其他成员对她负责部分所做的反馈。小组其他同学向她提问，了解一些简单的基础问题的掌握情况，促使她来检验自己之前的假设和步骤。一旦小组成员了解了这名同学的思路和原因后，他们会接着问一些更有挑战性的问题，让她重新反思一下，以期最终找到合适的方式来完善自己负责的写作部分。接着，小组成员还要求她对小组的讨论加以总结，陈述之前的困惑点和现在的解决措施，以便小组的成果可以推广到未来其他个人和小组写作项目中去。整个小组讨论的氛围是和谐的、互相尊重的，小组成员集中精力讨论解决方案，而不是各执一词或对别人的想法和成果评头论足。教师负责在一旁监督讨论，但其职责仅限于鼓励学生遵循讨论规则。教师与学生团队会有两次15分钟左右的沟通时间，其主要目的是监督小组讨论的进展，以便让他们按计划完成任务。

民主如何和"生本学习"相联系

以上这个场景是个强有力的例子，很好地证明了"生本学习"和民主如何携手共创一个关注学生成功的课堂。绝大多数教育者和教育机构都抱着这样的信念：教育应该促进民主，不分学生的年龄和地域。当然，如同大多数抽象概念一样，民主可以被定义为多种形式（Munck, 2016），许多不同的做法都可以被视作为民主。本文探讨了教育可能促进学校民主的一些方法，并提出"生本学习"策略能促进养成学生民主态度和技能；"师本教学"策略则会产生抑制作用。

什么是民主？

民主的定义各不相同，许多定义聚焦于民主政府的特点。剑桥高级学习者词典(2016)给出了一般性定义,它指出"民主是一种信念,这种信念相信自由和人人平等"。来自柯林斯英语词典(2016)的一般定义,强调了民主的社会和政治本质,它认为民主是"社会平等的精神或实践"。表1列出了民主的七个特征以及课堂里在民主存在或缺失的情况下可能发生的场景。

表 1 课堂民主存在或缺失的场景对比

特征	含义	存在的场景	缺失的场景
1. 决策	课堂里每个人都有决策的责任。	每个学生都能参与到决策中来。	自上而下的决策。
2. 决策者	协商学习的进程。		
3. 知识生成	是否认识到每个学生和学习者都可以参与到知识的构建过程中。	教师和学生一起构建知识。	所有知识都来源于教师和教材。
4. 理解	理解课堂里的每项决策和政策。	每个学生都知道并理解做的事情以及背后的原因。	只有那些成绩排名靠前的学生能够理解所做的事情以及背后的原因。其他学生都是盲目跟随他人的脚步。
5. 评价	可以共同决定教学的进程以及需要哪些改变。	每个学生都参与到评估中去。	成绩排名靠前的学生拥有评估自己和他人的权力。
6. 鼓励多样性	尊重各种形式的多样性,从观点的多样性到宗教的多样再到性取向的多样性。	鼓励多样性,学生在与伙伴互动中受益。	鼓励从众性,意见、方法和生活方式之不同难以容忍。
7. 合作	鼓励学生之间合作和培养其团队意识。	鼓励合作。	成绩差的学生在团队活动中不受欢迎。
8. 动机	鼓励内在动机,鼓励学生努力完成自己或集体设定的目标。	学生可以追求自己的兴趣爱好。	奖励和惩罚是主要的动机来源。

什么是"生本学习"?

"生本学习"是一种学习和教学的策略,鼓励学生在学习中扮演更积极的角色,更多地掌控自己的学习(Hannafin, 2012; Weimer, 2013)。人类学习方式的相关现代理论和研究(Gardner, 2008)表明,"生本学习"比"师本教学"更好地体现了人类学习的过程。那是因为在"师本教学"方式下,教师是课堂里最活跃的人,而学生大多是被动地接受知识。一些"生本学习"要素很受欢迎,常被引用,这些要素包括学生之间的协作,学生对学习过程的反思,以及学习和思维技能的直导教学(这些学习和思维技能帮助他们更好地管理自身的学习过程,不论是在现在还是将来)。

7个"生本学习"的要素和学校民主在学习和教学方面的原则相互照应。每个要素都对应着一种教学方法,如表2所示。

表2 学校民主与"生本学习"之间的联系

社会民主的核心要素	社会民主的表现	"生本学习"要素
1. 决策	每个人都参与到决策中。	自主学习
2. 知识生成	当权者同致力于构建技能和知识的人一起合作。	师生合作
3. 理解	每个人都理解所做的事情以及背后的缘由。	聚焦意义
4. 评估	每个人都参与到社会中的功效评估中。	多元评估
5. 包容多样性	鼓励多样性且大家认识到多样性对个人、社会的益处。	学习氛围和思维技能
6. 合作	鼓励合作,每个人各司其职。	生生互动
7. 动机	在满足社会的需求下,每个人都有追求自己兴趣的权利。	激发动机

学校民主要素:理性决策

课堂中民主的一个基本特征是决策权共享。在"生本学习"策略中,权力的共享表现在其要素 —— 自主学习,这意味着学生可以掌控他们学习的方式和内容(Benson,2013)。然而,自主学习并不意味着个人主义,学生不完全只靠自己就决定学习的内容和方式,而是通过与伙伴互助、老师合作实现。相较于老师的直接教授,通过学生之间有意义的互动,学生在同龄人和其他人组成的小组里学到的更多。与民主政治一样,课堂里的民主具有正式的领导和问责制度。教师的作用仍然是指导和组织学生的学习过程。在"生本学习"策略中,这可以通过增加与学生的活动和给予适当的指导达成。

"生本学习"要素 —— 自主学习

在民主的课堂里,不仅学生和老师会互相交流学习经验,学生在如何学习方面也有很多自主权。其主要表现为:在老师设定的结构下,学生有机会反思自己做出选择所带来的结果。比如,一个2到3人或者4人的小组,可以自主选择项目或小任务的主题,并且也可以自己选择收集相关信息的方式。当然,和"生本学习"的其他要素一样,作为协调者的教师可以在学生做选择时,在一旁给予一些指导。

做完选择后,教师鼓励学生反思,包括可以让学生以个人或小组的形式写日志,让他们反思学习过程中哪些部分做得好、进展顺利,哪些地方可以持续改进。这些反思可以帮助学生与教师或同伴合作,有益于未来的学习。

学校民主要素：知识生成

在民主的课堂里，没有人垄断创造和分配知识。这个概念，与"生本学习"中的师生合作学习的元素相关联，比如说教师不是全知全能的；他们也有一些自己不知晓的问题，他们抱着开放的心态和好奇的心态来接受知识。教师不依赖展示性提问（指的是教师知道答案并要求学生提供预先确定的答案的一类提问方式），而是将其与基于课堂讨论的参考性提问混合在一起，这提供了一个给学生和老师学习新知识的机会（Richard & Schmidt, 2009）。

"生本学习"要素——合作学习

教师以共同学习者身份实施"生本学习"策略的两种方法是：教师与学生分享自身遇到的困难和失败，以及让学生了解教师学习的过程。教师可以与学生分享他们职业生涯中遇到的若干挫折或失败（Jaschik, 2016）。这些挫折、失败可以包括未能成功应征上理想的工作，以及想要出版的手稿被出版社拒绝。让学生了解教师学习的过程，可以使用以下方法：教师和学生分享其想要学习的知识，解释他们想学习的原因，并介绍学习的进展和将要学习的内容。

学校民主要素：理解

很明显，当班上的每个人都明白所学内容和背后原因的时候，他们都在学习民主的技能。同时，学校里的课程聚焦于创造意义与解构材料意义，在这样的方式下，所需的现实世界的技能和知识不断在建构中。换句话说，学生不仅仅因为老师告诉他们要做活动而做活动；更重要的是，学生需要了解自己所学知识的意义，以及课程如何给生活带来了积极的影响，即使是通过间接的方式也是如此。

"生本学习"要素——聚焦意义

"生本学习"要素聚焦意义，可以通过多样化的教学手段在课堂里实施。例如，教师可以从向学生解释课程目标开始，询问学生对于课程目标的理解，在课程结束时，鼓励学生从个人和集体的角度考虑目标达成的程度。第二种让学生了解教学目标的方法是让学生成为课堂的构建者，通过使用学生带来或建议的一些课堂材料来实现，比如说一首歌，或者可以通过老师将所学知识与实际生活相连接的方式实现，比如老师给学生布置一些和家庭购物相关的计算题，同时老师也可以将课堂活动和学生目标相联系，比如说让学生给政府部门、机构和政要写信，阐述自己对于一些社会问题的见解并介绍自己提出的改善方案。

学校民主要素：评估

学校民主的一个重要标志是：学生分担评估自身学习和结果的责任，同时能够理解学习如何在将来更广阔的社会中发挥作用。在课堂中使用多元评估意味着其不会脱离学生正在学习的内容和学习方式，不会让每个学生进行相同的纸质考试，而是强调评估与学习内容和学习方式相匹配。在"师本教学"的课堂中，教师是唯一的评价者，决定评价内容和评价方式，而生本学习让学生参与到自评和互评中。学生和老师一起确认学习目标和学习成果，确认他们已熟练掌握的知识和需要进一步学习的领域。这样的模式不仅让老师能更清楚地知道学生在想什么,同时也培养了学生监督和管理自己学习的能力,而这种能力正是一个民主社会的独立公民所需要必备的。

"生本学习"要素 —— 多元评估

"生本学习"的多元评估要素同"师本教学"的评估要素差异显著。在"师本教学"的课堂中,评估过程是由老师或外部机构(诸如设计标准化考试的公司)完成的。"生本学习"则致力于扩大评估实践。例如,运用"交换问题"技巧(Author, 2002),具体的步骤如下:首先每个学生需要设计一个问题,并给出答案。老师会对学生设计的问题的种类提出建议,如,老师可以要求学生设计最好是需要详细解释的问题。接着,学生跟同伴交换问题,回答对方的问题,并对比答案。实施多元评估还有另一种方式,即老师设计评估任务,邀请学生来评估同伴的反应。多元评估的评分规则可以由学生在老师的指导下制定。

学校民主要素:包容多样

如果没有高度尊重想法、信仰、文化实践和生活方式的多样化,一个真正的民主社会就无法运作。同样,这些多样性存在于大多数课堂中,尽管没有受到足够的尊重。当来自不同背景的学生一起学习的时候,拥抱多样是一项关键的学习技能。此外,当学生在完成开放性较强、需要高阶思维能力的任务时(Chi, Glaser, & Farr, 2014),他们要学会如何处理不确定性、模糊性和暂时性失败等一系列问题。

在课堂环境中,多样性包含多种含义,包括运用多种方式教学,以匹配学生多样化的智商水平;通过提问的方式来促进思考和呈现知识;并且设计具有多种可能有效答案的任务。这种课堂学习法有助于让学生意识到生活在多元化社会中的优势,以及与自己截然不同的人相处的好处。

"生本学习"要素——学习氛围和思维技能

"生本学习"各种要素多方面相互联系在一起。例如,在如下的情景中,思维技能和学习氛围紧密联系:当学生运用思维技能去探讨那些超出所给信息的启发性问题或任务时(参考性问题,Bruner,1973),而不是那些只需识别和重复先前呈现的信息的问题(展示性问题)。显然,回答参考性问题需要承担更高的错误风险。这就凸显了支持型学习气氛的必要性,在这样的氛围中,学生更愿意去冒险。

老师营造鼓励冒险的学习气氛的一种方法是:当遇到自己不清楚的知识时,要勇于承认;跟学生分享自己和其他专家犯错的经历。老师可以帮助学生发展其逆商(Siphai,2015),如,将失败视作是宝贵的学习经历,让学生感觉到:"如果生活给了你酸柠檬,就把它变成柠檬水。"在营造支持型学习氛围时,当学生独自或以小组的形式在应对问题中遇到麻烦时,教师不必快速干预。

学校民主要素:合作

校园最显著的特点是学生之间的合作,这是学生学习行使其作为决策者权力的一个关键方式。学生拥有强大的力量,他们可以互相学习,而不仅仅是向老师学习。在集体中,他们通过生生互动来发展学习技能和策略;通过师生合作来传递大家共同的心声,从而影响学习。

"生本学习"要素 —— 生生互动

小组活动(小组可以少至两人)在"生本学习"教学里发挥着重要作用。因此,生生互动这一"生本学习"要素需要引起特别重视。不幸的是,不管出于何种原因,很多学生并不具备与他人合作的态度和技能。要解决这个问题需要做到以下两点:第一,刚开始时布置相对容易的小组任务,如此一来,学生会觉得跟组员合作比较舒服,对自己为集体做贡献的能力也更有信心。第二,让小组合作变得更自然,布置需要合作才能完成的任务。一个例子就是让每个组员都拥有跟别人完全不同的信息,只有通过信息共享的方式,小组任务才能成功完成。

学校民主要素:动机

在绝对的"师本教学"课堂里,老师通常依赖于外在动机让学生学习("你要学这个知识,因为会考到……")。相比之下,在民主课堂里,老师激发学生的内在动机。学生能理解他们如今所学的内容,知道如何通过培养与社会需求一致的知识和能力,实现自己人生梦想。内在动机是"生本学习"必需的要素。罗杰斯(Rogers, 1983, pp.18–19)在对学习的定义中抓住了由内在动机驱使的学习的精髓:

> 我想谈谈学习。死气沉沉、枯燥乏味、徒劳无功、转眼即忘的东西被塞进一个绑在座位上、没有自己思想、绝望的可怜虫脑子里的过程不叫学习!我谈论的"学习",是永不满足的好奇心驱使着青春期男孩吸收他的一切所见、所闻和所读。

"生本学习"要素 —— 激发动机

激发动机这一"生本学习"要素在教育中扮演着重要角色（Robichaud，2013）。激发动机的一个策略是将学习与社会需求相联系（Dewey，1938）。我们希望学生学习不仅是为了自己的利益，如，为了能够找到一份高薪的工作，他们还需将学习作为回报社会的一种手段。学生，既是个体又是整体，可以从能力和意愿上帮助社会解决我们以及同我们共同生活在地球上的其他生物所面临的问题。

通过"生本学习"建立民主的几点思考

尽管很多人都会同意民主和"生本学习"是学校教育的理想选择，但是同样也是这些人认为，在课堂环境中实现民主和"生本学习"是不切实际的。我们最常听到的反对意见是：在社会学课程之外，民主不是课堂学习的合适目标，即便是，"生本学习"亦非建立民主技能和概念的行之有效的方法。因为学生缺乏自我学习管理所必备的知识和性情，连大学生和成人教育学生都做不到，更不必说小学生和中学生了。此类批评并非空穴来风。例如，学生是否具备足够的知识来决定自己学习的内容，以及评估自己的学业水平？学生，尤其是成绩中下游的学生，能够发展并运用思维技能来形成民主概念并将其应用到生活中吗？没有外部动机，学生会学习吗？学生能跟同伴，尤其是那些与自己差异较大的同伴成功地互动吗？小组活动会不会演化为小说《蝇王》（Golding，1954）里描述的混乱场景呢？一群青春期前的男孩被困在荒岛上，很快就堕落成野蛮状态。社会，包括家庭生活和学生的课外世界，如，运动、娱乐和社交，为"生本学习"做好准备了吗？还是说增强了对"师本教学"的依赖？

鉴于"生本学习"存在诸多疑虑，很多教育者总结得出结论说：课堂里的事还是让老师和教育专家来做主，他们更擅长于做此类判断。然而，在纯粹的"师本教学"或"生本学习"之间存在一个中间地带。"生本学习"的支持者，包括本文作者，可能会搬出维果茨基（1978）"脚手架"的概念（Wood, Bruner, & Ross, 1976）。"脚手架理论"是社会建构主义的一部分，社会建构主义强调人在团体中一起构建对知识的理解，团体中较为博学的成员，如老师来指导知识相对缺乏的成员。从这一角度来看，老师的角色是博学的"俯身指导"，而非掌控学习各个方面的"讲坛圣贤"。"讲坛圣贤"式教学模式不利于引导学生内化民主的原则，对他们作为公民的发展情况也会产生消极影响。"生本学习"策略就类似于"脚手架"，脚手架在建造过程中支撑着建筑物，然后工人逐渐地把脚手架挪开，直到建筑物最终能巍然屹立。通过逐渐实施"生本学习"教学法，老师和学生开始成为课堂里独立自主的一员。

或许大多数学生目前还并未准备好完全接受"生本学习"策略。引导学生为自主学习做好准备也是老师工作的一个重要方面，如，重视让学生、老师和其他教育相关者为学生中心做好准备的目标。最终，从培养社会民主的角度来看，学生中心和自主学习比应试更为重要，尤其在这社会和知识都日新月异的时代。

结　语

不管是课堂民主还是"生本学习"，都不容易实施。两者都要求学习者和教育者承担更多的责任，在协作学习团体和社会中成为更高效的公民。幸运的是，国家有负责的公民，教育机构里有负责的学生，创造一个更为民主的社会指日可待。

参考文献

[1] Benson, P.(2013). Learner autonomy[J]. TESOL Quarterly, 47(4), 839–843. Doi:10. 1002/tesq.134.

[2] Bruner, J. S.(1973). *Going beyond the information given*[M]. New York, NY: W.W. Norton.

[3] Cambridge Advanced Learners Dictionary (2016). Democracy. http://dictionary.cambridge.org/dictionary/english/democracy?a=british.

[4] Candy, P. C.(1991). *Self-direction for lifelong learning*[M]. San Francisco, CA: Jossey-Bas.

[5] Chi, M. T. H., Glaser, R., & Farr, M. J.(Eds.)(2014). *The nature of expertise*[M]. New York, NY: Psychology Press.

[6] Cohen, E. G., & Lotan, R. A.(2014). *Designing York*[M]. NY: Teachers College Press.

[7] Collins English Dictionary. (2016). Democracy. http://www.collinsdictionary.com/dictionary/english/democracy.

[8] Dewey, J.(1938). *Experience and education*[M]. New York, NY: Macmillan.

[9] Educational Broadcasting Corporation. (2004). Constructivism as a paradigm for teaching and learning. http://www.thirteen.org/edonline/concept2class/ constructivism/index_sub1.html.

[10] Gardner, H.(1999). *Intelligence reframed: Multiple intelligences for the 21st century*[M]. New York, NY: Basic Books.

[11] Gardner, H.(2008). *The mind's new science: A history of the cognitive revo-lution*[M]. New York, NY: Basic Books.

[12] Golding, W.(1954). *Lord of the flies*[M]. London, United Kingdom: Faber and Faber.

[13] Hannafin, M.J.(2012). Student-centered learning. In Encyclopaedia of the Sciences of Learning (pp.3211–3214). New York, NY: Springer.

[14] Jaschik, S.(2016). Princeton academic's failure CV'sparks debate on success. Inside Higher Education. https://www.timeshighereducation.com/news/princeton-academics-failure-cv-sparks-debate-success.

[15] Munck, G. L.(2016). What is democracy? A reconceptualization of the quality of democracy[J]. *Democratization*, 23(1), 1–26.

[16] Richards, J. C.; Schmidt, R.(Eds.) (2009). *Longman dictionary of language teaching and applied linguistics*[M]. New York, NY: Longman.

[17] Robichaud, A.(2013). Interview with Noam Chomsky on education. https://chomsky.info/20130326/.

[18] Rogers, C. R.(1983). *Freedom to learn for the 80's*[M]. Columbus, OH: C.E. Merrill.

[19] Seligman, M. E. P.(2016). The three dimensions of happiness. http://www.pursuit-of-happiness.org/history-of-happiness/martin-seligman-positive-psychology.

[20] Siphai, S.(2015). Influences of moral, emotional and adversity quotient on good citizenship of Rajabhat University students in the Northeast of Thailand. *Educational Research and Reviews*, 10(17), 2413–2421.

[21] Vygotsky, L. S.(1978). *Mind in society* (Ed. by M. Cole, V. John-Steiner, S. Scribner, & E. Souberman)[M]. Cambridge, MA: Harvard University Press.

[22] Weimer, M.(2013). *Learner-centered teaching: Five key changes to practice* (2nd ed.) [M]. San Francisco, CA: Jossey-Bass.

[23] Wood, D.J., Bruner, J. S., & Ross, G.(1976). The role of tutoring in problem solving[J]. *Journal of Child Psychiatry and Psychology*, 17(2), 89–100.

译后记

如今在中国，人们开始发现"教师中心"这种传统方式的弊端，越来越重视"学生中心"。2001年教育部颁布《基础教育课程改革纲要（试行）》，指出基础教育课程改革要"强调形成积极主动的学习态度"，"倡导学生主动参与、乐于探究、勤于动手，培养学生搜集和处理信息的能力、获取新知识的能力、分析和解决问题的能力以及交流与合作的能力"，"增强课程对地方、学校及学生的适应性"。这意味着新的课程改革以学生为中心，对课程设置和师生角色提出新的要求。

"学生中心"（student-centered）是针对传统的"教师中心"（teacher-centered）而言的，是美国在20世纪末提出的"21世纪教学方式"中之一项，旨在创造适合新世纪教育理念的学习环境。这个理念最早源于美国儿童心理学家和教育家杜威的"儿童为中心"的观念。杜威极力反对在教学中采用以教师为中心的做法，反对在课堂教学中采用填鸭式、灌输式教学，主张解放儿童的思维，以儿童为中心组织教学，发挥儿童学习主体的主观能动作用，提倡在"做中学"。

"学生中心"的对立面便是"教师中心"。以教师为中心的教学最明显的特征就是忽视了学生的学习主体的作用，通常采用集体的、满堂灌的讲授式教学。相应地以学生为中心的教学的特征是重视和体现学生的主体作用，同时又不忽视教师的主导作用，通常采用协作式、个别化、小组讨论等教学形式或采用多种教学形式组合起来进行教学，而这恰恰不是中国课堂中主流的教学方式。

因此老师在课堂上试行这种方式，仍然会遇到很多阻力。比如很多家长甚至学校的管理层会持以往中国式老观念，认为只有老师满堂灌的"教"才算"有效利用课堂时间"，而不认为学生思索分享是更重要的"学"。

作者的这本书就在教你如何克服这些阻力，有效地跟家长、管理层沟通。更重要的是，它教你如何从小处着手，一点点地改变自己的课堂，让学生、家长如何逐渐习惯、理解并喜爱这样的学生中心课堂。

本书三位作者都是教学方面的专家。乔治·M.雅各布斯博士是"生本学习"教学法领域享誉盛名的专家，发表了一百多篇教育教学的文章。他本人曾在新加坡、泰国、美国、中国、尼加拉瓜教书，有丰富的教学经历。迈克尔·帕瓦博士是华盛顿州岸线学区学习与评估中心的主管，主持过多个政府教育项目。威利·A.利奈达雅博士是新加坡国立教育学院英语教育系高级讲师，曾是东南亚教育组织协会区域语言中心的部门主管。

作者认为"生本学习"策略由10个要素组成，分别是：师生合作、生生互动、学生自主、聚焦意义、课程整合、尊重多样、思维技能、多元评估、学习氛围、激发动机。书里简单易操作的近100个方法便是围绕着这10个要素展开的。

本书告诉老师如何从点滴之处改变自己的课堂，并向学校管理层展示如何指导教师实施"生本学习"策略。同时本书探讨了为什么我们应该和如何促进学生与学生的互动，使学生更好地学习并享受这个过程。学习动机被很多专家视为是教育工作成功的最重要的一个因素，本书还提供激发学生动机简单而有效的策略。此外，它研究学生多样性，特别是学生之间存在的诸多差异，并解释了这种多样性在教学中不仅应该受到重视，而且

译后记

可以被老师们更好地利用,服务于学生的学习。

本书由著名的斯普林格(Springer)出版社最新推出。一般来说,该出版社出版的著作学术味很浓,不太适合从事中小学一线教学的老师阅读。但是本书恰恰是个例外,是该出版社新近推出的"教育短篇系列丛书"(Springer Briefs in Education)之一种。本书简明扼要、文字畅达、观点鲜明,方法或者操作简单实效,不失为一本教师专业发展或者培训的好材料,尤其是对新教师而言,真是一册在手,便捷好用。

本书翻译由浙江大学外国语言文化与国际交流学院外国语言学及应用语言学专业硕士徐丽雯和周婷等完成,浙江大学教育学院教授盛群力指导翻译并担任审校。具体的翻译分工如下:徐丽雯负责第一、二、三、五章翻译,周婷负责第六、七、八、十章,徐丽雯和周婷合作翻译了第十章,浙江大学外国语言文化与国际交流学院外国语言学及应用语言学专业硕士裘梦楚和叶楠参与负责了本书第四章和第九章的翻译。衷心感谢作者乔治·M.雅各布斯为中文版特别撰写了序言!欢迎读者对本书翻译中出现的疏漏予以指正!

徐丽雯　周　婷　盛群力
2017 年 2 月 12 日

图书在版编目（CIP）数据

简明生本学习策略／（新加坡）乔治·M.雅各布斯，（新加坡）威利·A.利奈达雅，（美）迈克尔·帕瓦著；徐丽雯，周婷译. —宁波：宁波出版社，2017.6（2018.12重印）
（新班级教学译丛）

ISBN 978-7-5526-2885-2

Ⅰ.①简… Ⅱ.①乔… ②威… ③迈… ④徐… ⑤周… Ⅲ.①教学研究 Ⅳ.① G420

中国版本图书馆 CIP 数据核字（2017）第 080138 号

Translation from the English language edition:
Simple, Powerful Strategies for Student Centered Learning
by George Jacobs, Willy Ardian Renandya and Michael Power
Copyright © 2016 George Jacobs, Willy Ardian Renandya and Michael Power
This work is published by Springer Nature
The registered company is Springer International Publishing AG

本书简体中文版由施普林格·自然出版公司授权宁波出版社独家翻译出版。未经宁波出版社书面许可，不得以任何方式复制或抄袭本书内容。
版权所有，侵权必究

版权合同登记号：图字：11-2017-117 号

简明生本学习策略
JIANMING SHENGBEN XUEXI CELÜE

（新加坡）乔治·M.雅各布斯，（新加坡）威利·A.利奈达雅，（美）迈克尔·帕瓦　著；
徐丽雯，周婷　译；盛群力　校

出版发行　宁波出版社
　　　　　（宁波市甬江大道1号宁波书城8号楼6楼　315040）
策划编辑　陈　静
责任编辑　陈　静　方　妍
责任校对　黄　薇　李　强
责任审读　虞姬颖
装帧设计　Add1design
印　　刷　宁波白云印刷有限公司
开　　本　710mm×1000mm　1/16
印　　张　11.5
字　　数　154千
版次印次　2017年6月第1版　2018年12月第2次印刷
书　　号　ISBN 978-7-5526-2885-2
定　　价　35.00元